GW01605887

CAPITALISMO de AMIGUETES

«Escrito por uno de los mejores periodistas económicos de nuestro país. Un relato vivo, dinámico y muy entretenido».

Del prólogo de Luis Garicano

CAPITALISMO de AMIGUETES

CÓMO LAS ÉLITES HAN MANIPULADO EL PODER POLÍTICO

Carlos Sánchez

HarperCollins

Editado por HarperCollins Ibérica, S. A.
Avenida de Burgos, 8B - Planta 18
28036 Madrid

Capitalismo de amiguetes. Cómo las élites han manipulado el poder político

Diseño de cubierta: LookAtCia
Maquetación: MT Color & Diseño, S. L.
Foto del autor: Begoña Rivas

ISBN: 978-84-10021-82-2
Depósito legal: M-31496-2023
Impreso en España por: Black Print

Ellos lo saben

Índice

Prólogo

El libro de Carlos Sánchez que usted tiene entre sus manos no es una sesuda investigación académica del *Capitalismo de amiguetes* como raíz de los males de España, utilizando largas series temporales de datos de crecimiento económico. Para eso ya tenemos al ilustre don Leandro Prado de la Escosura, al que Carlos Sánchez cita.

El libro, escrito por uno de los mejores periodistas económicos de nuestro país, es periodístico. Cuenta la misma historia económica, pero la cuenta con lenguaje y formas periodísticas, retratando a los personajes —Cambó, March, Gamazo— y los entramados político-empresariales en la historia de España que ilustran la picaresca, el clientelismo y la corrupción que ha sido endémica en nuestro país. El relato es vivo, dinámico y, lo mejor de todo, muy entretenido.

La pregunta, siempre, tiene que ver con el retraso de España. ¿Por qué España perdió el tren de la revolución industrial y los cambios posteriores? Los diagnósticos de los observadores contemporáneos y futuros, sean estos expertos académicos o periodistas, coinciden. Leandro

Prado habla de tres razones: ausencia de competencia, subsidización de sectores clientelares «enchufados», sin importar el mérito, y corrupción. O, como decía el gran cronista Wenceslao Fernández Flórez de manera más colorida, la «industria nacional» no era más que una industria «agarrada a los maternales faldones de las casacas de los ministros. Se cría débil, raquítica, caprichosa y llorona». Durante el siglo XIX y gran parte del XX, la economía de España es una economía de rentistas que gobiernan mediante un sistema de caciquismo y clientelismo, impulsados en gran medida por un Estado débil.

Tres ejemplos ilustran las historias de la historia que cuenta Carlos. Sánchez comienza con la historia de Francisco Pinelli, también conocido como Pinelo, que desempeñó un papel importante al prestar enormes sumas a los Reyes Católicos y participar en eventos clave de la historia de España, incluida la financiación del exilio de Boabdil. Su cercanía al poder real le permitió acumular riqueza y desempeñar un papel destacado en la Casa de la Contratación de Sevilla. En un giro muy español, sus dos hijos varones encontraron la vía de la prosperidad entrando en la Iglesia.

O la historia del vallisoletano Germán Gamazo, protector del trigo castellano, quien no sólo acumuló poder —veintitrés actas de diputados entre sus familiares—, sino que también actuó como la correa de transmisión del poder en ámbitos económicos, políticos o eclesiásticos. Tanto que su influencia fue crucial para asegurar la continuidad del régimen canovista.

O la historia de Francesc Cambó, líder del catalanismo político, que desempeñó un papel crucial al unir los intereses de los empresarios catalanes y vascos en su enfrentamiento con Madrid y fue determinante en la regulación bancaria a través de la Ley de Ordenación Bancaria. Al poner a un organismo privado —el Consejo Superior Bancario— a cargo de la regulación bancaria, esta ley consagró y oficializó el oligopolio bancario español y perduró, en gran parte, hasta 1994.

Estos ejemplos ilustran a través de los siglos el asentamiento del «caciquismo», como lo definió Joaquín Costa, el apóstol del regeneracionismo en España: un sistema en el cual regiones y provincias estaban bajo el dominio de particulares llamados «caciques», cuyo beneplácito era esencial para cualquier acción administrativa, judicial o política. En palabras del autor «eran la subcontratación del Estado ante la pasmosa debilidad de este» —eso sí, ejercían ese poder delegado en beneficio propio—.

La lectura del libro suscita dos cuestiones clave. Primera: ¿cómo de inusual es la experiencia española? ¿No hay rentistas en todas partes? Segunda: ¿hemos cambiado de verdad? ¿Estamos construyendo una economía competitiva y abierta? ¿O siguen nuestras empresas viviendo en los maternales faldones de —ahora— las ministras?

El libro no aspira a responder a la primera pregunta, pero leyéndolo, resulta evidente que hay importantes peculiaridades españolas. La debilidad del Estado, en España, es una debilidad en su base territorial, en gran parte frente a las élites de Cataluña y el País Vasco que han dominado —y, en democracia, han continuado dominando— al poder político desde la periferia. Continuamente vemos a esas élites imponiendo su voluntad rentista a los funcionarios del Gobierno central, en un ejemplo más reciente Carlos Sánchez nos muestra a Carlos Solchaga y Claudio Aranzadi —dos de los pocos auténticos reformistas liberales de entre nuestros gobernantes económicos— resistiendo las presiones para conceder el monopolio del gas a Gas Natural (Naturgy), con activos de Catalana de Gas, Gas Madrid, activos de distribución del grupo público Repsol y la venta del 91 % de Enagás, entonces propiedad del Instituto Nacional de Hidrocarburos, a Gas Natural. Una venta que sólo se consumó con la salida de Solchaga y Aranzadi del Gobierno. La coalición entre intereses catalanes, vascos y castellanos llevaba, de nuevo, a lo mismo: protección, oligopolio y clientelismo.

Es cierto que en todas partes hay rentistas. Todos los países tienen lobbies. Pero el progreso económico en España es, y desgraciadamente sigue siendo en gran parte, el progreso de aquellas empresas «agarrada(s) a los maternales faldones de las casacas de los ministros». Que «se crían débil, raquítica, caprichosa y llorona». Cojan ustedes la lista del IBEX 35 y pregúntense: ¿qué empresas de esta lista no dependen del favor de un ministro o de un cambio regulatorio para su éxito? Excluyan a todas las que procedan de antiguos oligopolios y concesiones del Estado. Hagan su cuenta.

La realidad es que aún es cierto que uno puede pasar una vida estudiando matemáticas sin encontrarse un teorema con nombre español. Que, aún, ningún científico español ha ganado el Nobel en un siglo, desde Ramón y Cajal —no, Severo Ochoa no era español cuando ganó—. Y que una de las causas es que muchos de nuestros conciudadanos y empresarios siguen más interesados en los «maternales faldones» de los ministros y ministras que en la dura competencia del mundo exterior.

¿Importa esto? Es probable que sí. En un importante artículo sobre el modelo de crecimiento español publicado en 2020 en la *International Economic Review,* Manuel García-Santana, Enrique Moral-Benito, Josep Pijoan-Mas y Roberto Ramos, muestran que la caída de la productividad en España durante los años de auge de 1995-2007 tuvo como causa la mala asignación de recursos, que fue más grave en sectores donde las conexiones con el poder político son más importantes para el éxito empresarial. Según sus cálculos, el declive institucional durante este período costó casi ¡dos puntos de crecimiento! al año —por ser precisos, la productividad total de los factores hubiera crecido un 1,9 % más si la asignación de recursos hubiera sido correcta—.

En definitiva: el libro les hará disfrutar y aprender los vericuetos de uno de los problemas históricos españoles. Entronca con los mejores cronistas y denunciadores de este mal patrio del *capitalismo de amiguetes,* desde Joaquín Costa a Wenceslao Fernández a Jesús Cacho. Y les hará entender por qué, varios siglos después del comienzo de este relato, nuestros debates —incluido el de investidura de este otoño de 2023— siguen centrados en la distribución de recursos entre grupos y regiones, quién se lleva qué, y no en la creación de riqueza mediante la innovación y el uso de las revoluciones tecnológicas que se acercan.

LUIS GARICANO

Profesor de Políticas Públicas
en la London School of Economics y Non-Resident
Fellow en el Think Tank Bruegel (Bruselas).

Lo que nos pasa

Fue Ortega, como le gustaba recordar al profesor Fuentes Quintana, quien en las Cortes constituyentes de la II República pidió a la clase política de aquel tiempo que aprendiera a conocer lo que nos pasa.

—Traigan a los mejores economistas —sostenía— para que sepamos qué hacer, porque eso va a condicionar el desarrollo de España.

No se hizo y este país ha tenido tiempo, mucho tiempo, para arrepentirse y reflexionar sobre las causas de algunos de los males que han transitado de generación en generación.

De esto va este libro. De aflorar los orígenes de lo que nos pasa —todavía hoy— y de lo que nos ha pasado, y que necesariamente hay que vincular a muchas decisiones del poder político empedradas de piezas defectuosas que explican la aparición de burbujas —inmobiliarias o no— de corrupción, de tráfico de influencias o de cualquier otra forma de secuestrar el poder en favor de intereses particulares.

Hay multitud de ejemplos. La burguesía vasca y catalana presionando para proteger sus industrias mediante un arancel lo más elevado posible; los cerealistas castellanos limitando la importación de bienes de primera necesidad a precios más bajos; abogados e ingenieros en defensa de su bienestar y de su posición social aprovechando su cercanía con el Gobierno de turno; órdenes religiosas con gran capacidad de penetración en las entretelas del poder político. Sin contar acuerdos internacionales, como el firmado en 1953 con Estados Unidos, que, en la práctica, supuso convertir a España en una sucursal de sus intereses. En particular, mediante la proliferación de centrales nucleares que a la larga tuvieron un alto coste para el erario público. O el increíble caso del gas natural, alrededor del cual se produjo una formidable batalla política que a la postre es un compendio de cómo hacer lobby en todos los sentidos.

Los males son viejos, como la propia nación. Vienen de una Restauración que instauró un sistema clientelar donde la corrupción política y el amiguismo, que es su forma amable y silenciosa, campaban a sus anchas; pero también de una dictadura, la de Primo de Rivera, que lejos de resolver los problemas los ensanchó. La dictadura franquista, necesariamente, tenía que ser la continuación lógica, coherente y trágica de aquellos males históricos.

Lo que había detrás de la reclamación de Ortega era una evidencia. España, por desgracia, ha tendido tradicionalmente a estar más preocupada por las consecuencias que por las causas de nuestros problemas, lo que en definitiva ha allanado el camino para que pudiera transitar con dolor lo que se ha venido en denominar «atraso histórico», que de ninguna manera cayó del cielo. Por el contrario, fue fruto de un devenir malicioso en la medida que una aristocracia económica, ciertamente rancia en muchos aspectos, hizo prevalecer los intereses particulares sobre los generales.

El atraso histórico, afortunadamente, ya está superado, pero siempre conviene volver a él para no repetir viejos errores. Y que hay que relacionar con la captura de un Estado débil y aquejoso por parte de minorías con enorme capacidad de presión. Minorías que han influido sobremanera en decisiones políticas que a la larga les ha costado caro a los españoles, y que, de alguna manera, han alimentado el aislamiento internacional, un viejo vicio de la política española durante siglos fomentado desde las entrañas del poder y de sus allegados. Precisamente para protegerse en el mercado interior.

La historia económica de España, ni tampoco muchos de los problemas actuales, de hecho, no se entiende sin analizar la influencia de los lobbies o de los grupos de presión. Incluido, por supuesto, el sector eléctrico, tanto en democracia como en dictaduras, y sin observar cómo la banca ha condicionado la gestión de la cosa pública, hasta el punto de lograr moldearla a su favor. O sin comprender de qué manera los ingenieros de caminos han llegado a convertirse en ocasiones en un poder fáctico dentro del propio Estado a través de obras públicas faraónicas o de la construcción de caminos a ninguna parte.

En definitiva, una especie de pacto de sangre de las élites —siempre endogámicas— con el poder político que en muchas ocasiones ni siquiera tenía su origen en la ideología. Puro pragmatismo. Sólo hay que observar la rapidez con que las burguesías industriales y agrarias se situaban cerca del poder político al albur de los cambios de régimen. Los colaboradores necesarios eran personajes clave como Francesc Cambó, quien sintetiza mejor que nadie la importancia de alcanzar el poder o estar cerca de él para poder condicionarlo. Para manejarlo a su antojo en defensa de las élites, que, por definición, son el poder mismo.

Ha ocurrido en todos los periodos históricos, pero, principalmente, durante las crisis, ya sea por la gestión de los excedentes que hacían caer los precios interiores; por la aparición de una plaga de filoxera, como sucedió a finales del siglo XIX; por la competencia exterior que perjudicaba sobre el papel al textil, a la siderurgia o a la industria naval. O para presionar contra la liberalización de mercados cerrados, lo podía chafar cualquier negocio.

Lo importante era, y aún sigue siendo, ocupar el espacio público para influir en favor de una determinada decisión, incluyendo la socialización de pérdidas. Ya sea como un lobby puro y duro o mediante la representación institucional.

Puertas giratorias, caciquismo, clientelismo, cabildeo, tráfico de influencias, captura del regulador o simplemente amiguismo son hoy expresiones corrientes. Casi populares. Y detrás de ellas hay pactos, secretos o no, conspiraciones o maniobras en la oscuridad, que sólo reflejan una determinada correlación de fuerzas en torno al poder.

1
HISTORIA DE UN CONTUBERNIO

La historia del hotel Palace es, probablemente, el retrato más fidedigno de lo que ha sido España en su pasado reciente. Para lo bueno y para lo malo. Representa el esplendor y la decadencia de la nación. Su resurrección como país moderno y empotrado en su siglo, pero también el vivo reflejo de su declive. El espejo en el que se miran sus largas noches de rutina y el retrato más aproximado de su incuria y de su desdén por lo nuevo. Es, en definitiva, una especie de inconsciente de la nación.

La historia más íntima de un país habituado a los vaivenes y escarceos políticos en busca de algún atajo histórico. Acostumbrado a la ciclotimia en el sentido que le dan los psiquiatras: pasar de un estado de euforia a uno de depresión sin solución de continuidad. Lógico en un país de baja autoestima, con indudable tendencia a la autodestrucción, que de vez en cuando resurge de sus cenizas tras sus largas siestas.

Hoy, es verdad, ya no representa a la nación como lo hizo antaño, pero en sus entrañas lleva la información genética de lo que fueron sus élites. Aún transitan por sus cañerías los viejos tics heredados del pasado en forma de clientelismo político, corruptelas, chanchullos, tráfico de influencias o, como se prefiera, simplemente amiguismo, que es la forma más piadosa de la corrupción. La cara simpática del tejemaneje, del compadreo de toda la vida.

Nació, precisamente, en uno de esos momentos en los que la alta burguesía europea que se miraba en el espejo de Baden-Baden pensó que la historia no tenía fin. Stefan Zweig lo llamó la edad de oro de la seguridad. Cuando se creía tan poco en el regreso de la barbarie como en las brujas. O tan poco en la nigromancia como en los fantasmas. Cuando la prisa no sólo era poco elegante, sino superflua. Innecesaria.

Para eso nació el Palace. O el Ritz. O cualquier otro monumento desmesurado al lujo. Lo importante era matar el aburrimiento de las élites ociosas o de los industriales ávidos de riqueza. O de los buscadores de fortuna en busca de prosperidad y de un lugar privilegiado en el ascensor social. Balnearios, casinos, hipódromos, campos de polo, regatas, cabarets, salas de fiestas... Daba lo mismo. Lo importante era encontrar nuevas emociones para una burguesía ansiosa de placer.

El hotel se construyó a iniciativa de un empresario y político belga de origen valón, George Marquet, que pobló la vieja Europa de hoteles de lujo, de casinos y de lugares de entretenimiento para una nueva clase dirigente ciertamente decadente —aquí está la paradoja— en plena ascendencia social. Y que había amasado, al calor de la industrialización, de la explotación de las nuevas colonias y de los avances técnicos, inmensas fortunas a lo largo del último tercio del siglo XIX. Al fin y al cabo, hoy como ayer, la destrucción creativa —lo nuevo entierra a lo viejo— zarandea de vez en cuando el orden social. Hoy como ayer, las élites sustituyen a las élites.

Buena parte de aquella burguesía procedía de Estados Unidos, un país entonces emergente que crecía de forma que ahora se consideraría increíble al ritmo que marcaban los avances científicos y la explotación de sus recursos naturales, y que había sido capaz de sustituir a los fundadores y propietarios originales del primer capitalismo por directivos bien remunerados que habían encontrado en las nuevas formas de trabajo, el fordismo o el taylorismo, ya entrado el siglo XX, la llave de su éxito. Pero también una formidable palanca social.

Europa, siempre Europa, y en particular, París. Para el ocio, para la pintura, para el arte y hasta para demostrar al mundo que una nueva clase dirigente había desplazado a la vieja aristocracia manufacturera de la primera revolución industrial. El Titanic fue el símbolo, pero había muchos más titanic, en minúscula, en condiciones de disputar los privilegios sociales. Sólo el sombrío período de entreguerras se llevó por delante aquellas manifestaciones de glamour y de excesos.

El casino de San Sebastián y, posteriormente, el hotel Ritz fueron algunas de las inversiones de Marquet en España, además de los hipódromos de Lasarte y Santander, donde las élites del momento pasaban sus largos veraneos a la luz hospitalaria del Cantábrico, alojados en algunas de las lujosas estancias gestionadas por el financiero belga a través de Les Grands Hôtels Européens. La compañía llegó a reunir emblemas como el Astoria, en Bruselas; el Negresco, en Niza; el Claridge, en París o el Heliópolis Palace, en El Cairo, residencia actual del presidente de Egipto. También el hotel Real, que corona majestuoso la bahía de Santander, formó parte de su primorosa colección de hoteles de gran lujo.

Fue Alfonso XIII quien animó a Marquet, a quien conoció en el venerable hipódromo de Deauville-La Touques, donde la alta burguesía europea comenzó a incorporar entre sus gustos las carreras de caballos, a levantar el Palace Hotel, que se llamaba entonces, sobre las ruinas del antiguo palacio de los duques de Medinaceli, en la confluencia de la vieja carrera de San Jerónimo y del entonces imponente y señorial paseo del Prado, eje de la nueva capitalidad, y donde se ubicaban, a un lado y a otro, algunas de las mejores residencias de la villa y corte, a tiro de piedra del casón del Buen Retiro.

Aquel solar había sido propiedad del duque de Lerma, protagonista del que probablemente sea el primer caso de corrupción urbanística a gran escala. El duque, después de haber adquirido propiedades y terrenos, convenció a Felipe III de la necesidad de trasladar de Madrid a Valladolid la capital del reino. Apenas cinco años después, en 1606, la capital volvió a Madrid porque aquel traslado fue un dislate. El duque, sin embargo, en el interregno, había aprovechado el tiempo para comprar suelo y edificios a orillas del palacio de Oriente a precios de saldo, lo que hoy se llamaría un negocio circular.

La ubicación del lujoso hotel, levantado y decorado su interior con esmero de orfebre en apenas quince meses gracias a las nuevas técnicas constructivas, como el hormigón armado, sólo dos años después del Ritz, era inmejorable. Cerca de los núcleos de poder económico y, sobre todo, a un paso del Palacio de las Cortes, un viejo caserón que un día albergó el convento del Espíritu Santo, víctima de la desamortización, y que en 1850 se convirtió en sede del Congreso de los Diputados.

El convento había sido desalojado tras un incendio ocurrido en 1823 mientras Luis Antonio de Borbón, el duque de Angulema, oía misa. Precisamente, el mismísimo príncipe francés que al frente de los Cien Mil Hijos de San Luis ahogó el sueño del Trienio Liberal. Toda una ironía del destino. La sede de la soberanía popular construida sobre los restos de aquella iglesia en la que escuchaba misa la representación fanática del tirano Fernando VII, su primo, y de la vieja Europa reaccionaria que salió del Congreso de Viena tras la derrota de Napoleón. Metternich en Madrid.

No es anecdótica la presencia de Marquet en España en unos años —la segunda década del siglo XX— en los que el país, y en particular su clase dirigente, estaban en condiciones de aprovechar la neutralidad que impuso Eduardo Dato, posteriormente asesinado a los pies de la Puerta de Alcalá por cuatro matones anarquistas cuando iba sin escolta en su automóvil, en la Gran Guerra.

Una neutralidad, sin duda, obligada por causa de fuerza mayor. Entre otras razones, como reconoció el propio Dato, porque entonces España, formalmente aliada de Inglaterra y Francia, aunque en su interior existía una significativa corriente germanófila, carecía de medios militares suficientes para afrontar una guerra moderna. «Con sólo intentar una actitud belicosa —le había escrito al rey Alfonso XIII el presidente del Consejo de Ministros, uno de los grandes reformadores que ha tenido este país— arruinaríamos a la nación, encenderíamos la guerra civil y pondríamos en evidencia nuestra falta de recursos y de fuerzas para toda la campaña». Difícil ser más sincero.

España, una vez más, para lo mejor y para lo peor, no tenía siquiera recursos ni para ir a la guerra, lo que creó un caldo de cultivo favorable para que la aristocracia y la alta burguesía —aprovechando la neutralidad— siguieran disfrutando de las regatas o del *turf* mientras el continente se batía en las trincheras de Verdún contra los afanes imperialistas de unos y de otros. Y nada mejor que conspirar en el hotel preferido de Alfonso XIII, junto con el Ritz, para estar cerca del poder y hacer negocios. Por eso el Palace es lo más parecido a la historia de España.

No fueron, sin embargo, extranjeros quienes acudieron el 28 de junio de 1916 al Palace a una de esas reuniones que marcan la historia de un país, y que a la postre refleja el entramado político-empresarial que cobijaba una Restauración que daba sus últimas bocanadas. Y cuyo desenlace se aceleró de forma abrupta con la asonada de Primo de Rivera apenas siete años después, lo que finalmente acabaría llevándose por delante a la propia monarquía alfonsina.

O lo que es lo mismo, al gran maestro de ceremonias de aquella España devota de Frascuelo y de María, que cantaba Machado, que no supo integrar a las nuevas clases sociales, lo que acabaría por encender la mecha del enfrentamiento civil. Se ha estimado que entre 1891 y 1923, sobre un total de mil doscientas seis actas de diputados, ciento cincuenta y siete fueron ocupadas por nobles. O lo que es lo mismo, uno de cada ocho representantes del pueblo que podía votar había obtenido alguna merced real.

La Gran Guerra había creado unas condiciones únicas para la economía española, y eso explica que el liberal Santiago Alba, heredero del regeneracionismo que en la España finisecular se alzó contra la modorra política y el caciquismo, decidiera llevar al Consejo de Ministros una propuesta para que los grandes patrimonios que habían aprovechado la neutralidad tuvieran que pagar un impuesto extraordinario sobre los beneficios.

Se trataba de equilibrar las cuentas públicas, maltrechas y exhaustas por la guerra de Marruecos y por la ineficiencia del Estado, posteriormente puesta de manifiesto con particular crudeza en el llamado Expediente Picasso tras el desastre de Annual, que en última instancia es el testimonio más desgarrador sobre la corrupción y el fracaso como nación.

Galdós lo había descrito con fría crueldad en sus *Episodios Nacionales:*

> Los dos partidos que han concordado para turnarse pacíficamente en el poder [el célebre turnismo] son dos manadas de hombres que no aspiran más que a pastar en el presupuesto. Carecen de ideales, ningún fin elevado los mueve, no mejorarán en lo más mínimo las condiciones de vida de esta infeliz raza, pobrísima y analfabeta.

Santiago Alba pertenecía a la burguesía ilustrada castellana. Abogado, diputado en Cortes y dueño de *El Norte de Castilla,* representaba los intereses de la vieja Castilla, ahogada entonces por la influencia de los empresarios vascos y catalanes sobre las élites madrileñas. Entre otras razones, gracias a los estrechos vínculos, aunque habría que hablar de camaradería, entre la banca y las empresas industriales debido a la ausencia de un mercado de capitales moderno.

Santiago Alba, miembro del ala más progresista del Partido Liberal, había llevado a las Cortes un programa que tenía tres puntos fundamentales. La aprobación de un presupuesto ordinario; otro extraordinario, y que se denominó de reconstitución nacional, un concepto que recordaba al viejo regeneracionismo de Joaquín Costa con sus planes de obras públicas y la creación de nuevos centros de instrucción, y, por último, medidas para poner orden a los ingresos del Estado, gravemente herido por el fraude fiscal y por la escasa capacidad recaudatoria de la Hacienda pública al no ser los impuestos progresivos.

Su plan conectaba con las corrientes liberales de la época, cada vez más proclives a la intervención en la economía para satisfacer las demandas de una clase trabajadora cuya capacidad de presión aumentaba a medida que se iban consolidando los sindicatos. Y que tenían en la Inglaterra de Lloyd George su referente, en línea con lo que habían pretendido Eduardo Dato, con las primeras leyes sociales, y el conservador Francisco Silvela con la creación del Instituto de Reformas Sociales, el verdadero origen de la Seguridad Social española.

La medida más significativa era la creación de un impuesto directo destinado a gravar los beneficios extraordinarios obtenidos por la Gran Guerra, que había hundido las importaciones, lo que en la práctica había permitido a la industria nacional vender en el mercado interior como nunca antes lo había hecho ante la falta de competencia exterior. También las exportaciones se habían beneficiado de aquel momento histórico: países en guerra que demandaban todo tipo de bienes y materias primas. En particular carbón y hierro.

El impuesto lo pagarían los industriales nacionales y extranjeros, y sus tipos impositivos debían oscilar entre el 25 % y el 40 % sobre los beneficios que hoy se llamarían «atípicos». Muchos otros países habían aprobado iniciativas similares, pero lo que no podía esperar Alba era una reacción tan airada de los empresarios vascos y catalanes, que, de alguna manera, hicieron una pinza a la propuesta del castellano.

Y ningún sitio mejor para reunirse que en el hotel de la aristocracia y de las nuevas clases emergentes. *La Vanguardia,* el periódico por excelencia de la burguesía catalana, lo contó de forma profusa, lo que indica que aquel encuentro no pasó inadvertido ni para el rotativo ni para la incipiente opinión pública que se asomaba como podía a la modernidad. «En el Palace Hotel se celebró una reunión de representantes de las entidades económicas de España para dar forma y organizar la protesta contra los proyectos presentados por el señor Alba, especialmente el impuesto sobre los beneficios».

El organizador de aquel contubernio fue el líder de la Lliga, Francesc Cambó, y entre los asistentes estaba Ramón de la Sota y Llano, hijo de una rica familia de hacendados rurales de las Encartaciones, en Vizcaya, quien como gran patriarca de los navieros españoles fue el auténtico cabecilla de la reunión junto con los prohombres económicos de la Restauración poscanovista. O, como los llamaba *La Vanguardia,* la representación de las «fuerzas vivas» del país. O lo que es lo mismo, los industriales de Vizcaya, Barcelona, Valencia, Oviedo, Málaga o Santander.

De la Sota, junto con su socio y primo, Eduardo Aznar, era el gran naviero del país, pero también era banquero y siderúrgico. Los astilleros Euskalduna están entre sus obras más representativas. De perfil nacionalista moderado, fue miembro del Partido Liberal Fuerista, que defendía la restauración de los fueros y las tradiciones vizcaínas. Posteriormente, fue represaliado por el franquismo.

Lo de las «fuerzas vivas» no era para nada un brindis al sol o una metáfora vacía de contenido. La iniciativa de Santiago Alba fue derrotada en el Parlamento, donde Antonio Maura encabezó la oposición. Nunca más se volvió a hablar de aquel impuesto con el que se pretendía poner orden en las maltrechas cuentas del Estado tras la fallida, en parte, reforma fiscal de Fernández Villaverde, y que contaba con el respaldo de las asociaciones obreras.

> «Que el Gobierno no desmaye en la línea de conducta en el indicado proyecto de ley, ni, pretextando falta de ambiente a tan justos derroteros, ceda ante las amenazas y propósitos de aquellas entidades puramente burguesas, que, atentas solamente a los dividendos de sus accionistas o a los intereses particulares de sus componentes, han iniciado una protesta injustificada y que lesiona visiblemente los intereses de la nación», decía una carta de apoyo enviada al ministro de Hacienda por la Casa del Pueblo de Madrid.

Aquella derrota de Alba propició, de nuevo, que España tuviera que tirar del capital extranjero —a quien le interesaba sobre todo las materias primas— para financiar el desarrollo por falta de recursos propios. Y nada más rápido y a la larga pernicioso que poner en bandeja al capital foráneo, como contrapartida, negocios estratégicos como la minería, las redes de transporte y la incipiente telefonía. Siempre en el marco de un proteccionismo descarnado.

No era un planteamiento nuevo. Existen evidencias de que los sectores que consiguen más protección son aquellos que ya son grandes porque el tamaño es lo que hace, precisamente, que tengan capacidad para poder influir sobre el Parlamento o sobre el Gobierno, algo a lo que no tienen opción las empresas pequeñas. Este fue el caso de la siderurgia y del textil, que nacieron sin protección, pero a medida que crecieron en tamaño fueron convirtiéndose en buscadores de rentas aprovechando, entre otras cosas, la debilidad del propio Estado. También hoy, el tamaño determina su capacidad de presión en mercados en los que el número de jugadores es muy limitado.

La industria siderúrgica vasca era en sus comienzos tan competitiva como la alemana, hasta que abrazó el proteccionismo. Y algo parecido sucedió en el caso del algodón catalán. Probablemente, porque se hizo realidad un viejo principio: crear un grupo de presión de cierto tamaño es difícil, pero una vez que se logra lo complicado es acabar con él por su capacidad de influencia, que es, en realidad, lo que le protege de la competencia exterior.

Personajes como Pedro Bosch i Labrús representan como nadie esa España que dio forma a la construcción de una nueva clase dirigente forjada en torno a la monarquía.

—Bienvenido sea el rey de España a esta mansión del trabajo donde sólo se respira moralidad y patriotismo —le dijo al joven Alfonso XII tras la asonada de Martínez Campos que devolvió al poder a los Borbones.

Bosch i Labrús, el adalid de las ideas proteccionistas y gran defensor de los industriales catalanes, había fundado poco tiempo atrás Fomento de la Producción Nacional, que puede considerarse el primer lobby —utilizando una expresión actual— creado en la España contemporánea en el sentido que le dio Max Weber al comportamiento de las élites en aquella definición canónica: lo son en la medida que están cerca del poder.

El comerciante catalán, con una intensa vida política en el ámbito más conservador, fue uno de los organizadores de las grandes manifestaciones proteccionistas celebradas en Barcelona en oposición al arancel librecambista de Figuerola. Detrás de él estaban los Girona, la gran familia de banqueros catalanes, los Ferrer i Vidal, los Muntada, los Güell…, y, en general, los puntales de la segunda industrialización catalana, quienes encabezaron años después, precisamente, la reunión del Palace Hotel. Francesc Cambó, su gran adalid, ya como ministro de Hacienda, llegó a decir con franca naturalidad:

—Somos un pueblo de tenderos.

No le faltaba razón.

El propio Cambó fue también quien estuvo detrás de la Ley de Ordenación Bancaria, la ley que a la postre transformó las bases financieras de la economía, y que daría carta de naturaleza, como admitió el propio político catalán, a la nueva «aristocracia bancaria española». La Ley de Ordenación Bancaria, entre otras cosas, hizo que la regulación no fuera obra del banco central, sino del Consejo Superior Bancario, un nuevo organismo de carácter privado que sirvió de defensa de los intereses de los mayores bancos del país, a su vez dueños de la industria.

Aunque el Banco de España mantenía el privilegio de la emisión de la moneda, lo cierto es que seguiría siendo un banco de naturaleza privada —hasta 1962 no se nacionalizó— con escasa capacidad coercitiva para limitar los excesos y defender los intereses generales. El Consejo, renovado en 1946, en plena dictadura franquista, no se disolvió hasta 1994, lo que da idea de su capacidad de supervivencia.

La rebelión de las élites

Algunos historiadores han puesto el foco en la importancia que ha tenido para la economía española la segunda década del siglo pasado, cuando se consolida una nueva élite económica que surge de la integración de la vieja nobleza rentista decimonónica con las nuevas clases emergentes, y cuya mayor aspiración era hermanarse con la aristocracia para llegar a ser como ellos.

Un tercio de los directivos de la gran empresa española poseía algún título nobiliario en 1917, lo que da idea de la comunión entre el poder político y el económico. Con el rey Alfonso XIII, que poseía su propia cartera de inversiones, actuando como *primus inter pares*. Igualmente, se ha estimado que casi el 40 % de los primeros directivos de las grandes compañías españolas compaginaba su trabajo con la política, ya fuera en el Senado o en el Congreso, donde reinaban los jefes de los principales bufetes de abogados, cuyo acceso al palacio real era tan inmediato como eficaz.

Una de las características del empresariado español es, precisamente, su sesgo hacia el mundo del derecho, lo que no es irrelevante en términos políticos. La judicialización de la política, de hecho, forma parte de la tradición del país, lo que explica el histórico interés que se ha tenido siempre por el control de la judicatura. No es necesario comentar situaciones actuales.

Durante el primer tercio del siglo XX alrededor de una tercera parte de los grandes patrones del país eran abogados. Muy pocos eran ingenieros y un número muy reducido había cursado estudios técnicos o científicos. La formación económica tardaría todavía años en llegar. Habría que esperar a 1943, en pleno franquismo, para la creación de la primera Facultad de Económicas en España, y se hizo de la mano de la de Ciencias Políticas, lo que da idea del escaso interés de las clases gobernantes por elevar al rango académico la llamada ciencia lúgubre.

Se entendía que el mundo de la empresa era una cuestión de abogados, sin duda porque la evolución del negocio dependía de forma muy relevante de lo que se publicaba en los distintos diarios oficiales. Habría que esperar hasta los años cincuenta para que se pudieran crear en

España las primeras escuelas de negocio, nacidas a imagen y semejanza de las anglosajonas, lo que revela su tendencia a la defensa de un determinado modelo económico.

Para hacerse una idea del retraso de España en materia de formación de los directivos, algo que ha influido de forma poderosa en el desarrollo económico, sólo hay que observar que la London School of Economics se creó en 1895 y entre sus fundadores estaban miembros de la Sociedad Fabiana tan relevantes como George Bernard Shaw o el matrimonio formado por Beatrice y Sidney Webb, los primeros arquitectos de lo que hoy se denomina Estado de bienestar, además de figuras clave en la creación del Partido Laborista británico.

La Harvard Business School se fundó en 1908, mientras que España tuvo que esperar medio siglo hasta que Josemaría Escrivá de Balaguer encargó al profesor Antonio Valero, ingeniero industrial y catedrático de Química, la creación de un centro, el IESE, para formar a las nuevas élites nacidas ya en tiempo de paz, y que a la postre fue la cuna de los tecnócratas.

Muy al contrario, las primeras escuelas de negocios surgieron en Estados Unidos, Francia y Alemania a finales del siglo XIX al calor de la segunda revolución industrial. En España, por increíble que parezca, el sistema paternalista y hasta autoritario en la forma de dirigir una empresa retrasó hasta 1928 la enseñanza de la organización industrial en las escuelas de ingenieros.

Las escuelas de negocios, en todo caso, y aunque llegaran tarde, sirvieron durante el franquismo como mecanismos de modernización del país, y lo que no es menos relevante, como instrumentos de reproducción de las élites económicas y sociales, en muchos casos vinculadas a instituciones religiosas, como el Opus Dei. Los llamados tecnócratas del franquismo son la mejor expresión de esa nueva realidad: élites con enorme capacidad de presión e influencia sobre el poder político y que todavía hoy pululan en los meandros de la cosa pública.

Esta es, precisamente, la palabra clave: influencia. O lo que es lo mismo, la capacidad para presionar en aras de asegurarse un determinado nivel de rentas condicionando lo que se publica en los diarios oficiales.

El caso de Germán Gamazo es, probablemente, junto con el de Bosch i Labrús, el más emblemático de aquella época del caciquismo y del ultraproteccionismo porque representa como nadie una constante histórica: cómo los intereses generales se han supeditado en numerosas ocasiones a los particulares.

Muchos historiadores han definido a Gamazo como el típico cacique de la Restauración, toda vez que, ante la falta de competencia política y al estar cercenados los mecanismos de acceso al poder económico, siguió la trayectoria más habitual de los políticos del último tercio del siglo XIX. Nacido en Boecillo, una pequeña localidad agrícola de la provincia de Valladolid, hijo de una familia adinerada, instaló su despacho en Madrid, paso ineludible para prosperar en la política, que era lo mismo que prosperar en los negocios. Comenzó su carrera como pasante en el despacho de Manuel Silvela, jurista, político y escritor, pero, sobre todo, uno de los abogados mejor relacionados del país. Acabaría siendo ministro de Estado y diputado a Cortes en numerosas ocasiones.

El propio Silvela también había comenzado como pasante, como también lo fueron en su despacho, constituido en 1867 en plena crisis del régimen, figuras tan relevantes como Antonio Maura, a quien Gamazo protegió como a un hijo, o Sánchez Guerra, líder del Partido Conservador y a la postre presidente del Consejo de Ministros, lo que refleja la importancia de los bufetes de abogados en la España finisecular. La clave de bóveda del sistema político era el control de la administración de justicia a través del nombramiento de jueces fieles en las audiencias provinciales.

No era un asunto menor habida cuenta de la perseverancia y empeño con que se practicaron los numerosos fraudes electorales. Y el control de la justicia era condición necesaria. A Posada Herrera, un jurista asturiano que llegó a presidir el Consejo de Ministros, se le llegó a llamar el gran elector por la falta de escrúpulos que tenía a la hora de contar votos, lo mismo que Romero Robledo, quien desde el Ministerio de la Gobernación, y al servicio de Cánovas, convirtió el fraude electoral en una de las bellas artes.

Fue precisamente su profesión de abogado lo que permitió a Gamazo llegar a todos los cenáculos del poder y levantar una imponente fortuna gracias a su intercesión en pleitos públicos para resolver favores personales. Aunque también, y esta es una constante en la formación de las élites económicas, a través de matrimonios de conveniencia con familias pudientes que facilitaron su ascenso social. En definitiva, sólidas redes clientelares en torno a unos mismos intereses. No sólo los príncipes o las infantas se casaban entre sí para garantizarse la sucesión dinástica, también la aristocracia económica forjó una formidable política de alianzas con la que logró perpetuar su poder. Así, por ejemplo, el matrimonio de Constancia, la hermana de Germán Gamazo, con el joven Antonio Maura le facilitó al rico terrateniente castellano innumerables negocios. En particular, los relacionados con su patrimonio agrario. La protección del trigo castellano frente a la competencia exterior con precios más bajos fue obra suya, como también lo fue la política tarifaria de los ferrocarriles, donde los Gamazo tenían enormes intereses. También la reducción de los impuestos que pagaba el campo en forma de contribución territorial o el incremento de los aranceles para proteger sus haciendas en el campo castellano a través de la Liga Agraria, cuya estrategia proteccionista acabó siendo el origen de su enfrentamiento con Sagasta.

Se ha estimado que la familia Gamazo llegó a obtener nada menos que veintitrés actas de diputados en el Congreso durante los años de la Restauración a través de primos, hermanos, sobrinos o ahijados. Una endogamia en toda regla en el sistema parlamentario.

El propio Antonio Maura llegó a contar en las Cortes de 1923 con un hijo, un yerno y dos sobrinos, pero es que unos años antes había contado con dos hijos, dos sobrinos y un consuegro. Las bodas de los Gamazo les permitieron, igualmente, emparentar con los Güell, los López y López, del marquesado de Comillas, o los Ferrer. Los negocios podrían estar materialmente en Bilbao o Barcelona, pero donde se cocía el bacalao era en Madrid y su aparato administrativo.

Y así era porque en Madrid, donde brillaba el minifundismo —a principios de siglo existían once mil setecientos establecimientos para una población de quinientos cuarenta mil habitantes—, estaba el poder político, mientras que los otros dos polos de influencia, en este caso económica, estaban en el País Vasco y Cataluña, que habían desplazado a Málaga como el origen de la industrialización española.

En el primer caso, en torno a Bilbao, donde la minería del carbón y la siderurgia habían creado una floreciente burguesía industrial, mientras que en Barcelona, emergió con fuerza un capitalismo de índole familiar —ahí están las palabras de Cambó sobre los *botiguer*— que pudo basar su éxito en el pequeño comercio y en la industria de corte familiar. Entre otras razones, gracias a la alta protección de sus intereses y a su estrecha relación con la monarquía alfonsina, que les pudo compensar con dádivas en forma de reconocimientos aristocráticos para matar su vanidad. Se ha estimado que entre 1902 y 1931, que abarca el reinado de Alfonso XIII, se concedieron en España doscientos cincuenta títulos nobiliarios y grandezas.

La anémica Hacienda pública, incluso, había encontrado por esta vía un filón, lo que explica que en 1912 se decidiera revisar las viejas ordenanzas de Carlos III y se pusiera en marcha un sistema de tasas que obligaba a los agraciados a pagar al fisco. La cantidad fue variando con el tiempo. Inicialmente, fueron veinticuatro mil pesetas para las concesiones y treinta y dos mil para las rehabilitaciones, pero llegaron hasta las sesenta y cuatro mil pesetas cuando estas llevaban unida la concesión de una Grandeza.

Capitalismo de amiguetes

El interés por los negocios de las élites, en el sentido moderno del término, viene de lejos. Si hay que buscar una fecha habría que situarla en la desamortización de Mendizábal, que puso las bases de una nueva clase social que de forma paulatina irá sustituyendo a la vieja aristocracia rentista del absolutismo más preocupada por su estatus social que por el mercantilismo.

Es en este contexto en el que floreció una vieja expresión que refleja bien el orden social de la época: el término recomendación, que es el antecedente inmediato de eso que hoy se llamaría amiguismo, y que en ocasiones es la puerta de entrada a la corrupción. Es decir, esos pequeños favores que se hicieron populares para lograr determinados objetivos, y que alcanzaron un hito con Pedro Mac-Mahón, financiero y hombre de negocios bilbaíno ligado a la construcción naval y al Banco de Vizcaya.

Fue Enrique Ocharán, también banquero y hombre fundamental en la creación de Hidroeléctrica Española, además de presidente de la poderosa Asociación de Bancos y Banqueros del Norte de España, quien recomendó al monarca la concesión del marquesado de Mac-Mahón. El rey lo aceptó en una audiencia privada tras recibir un cheque por valor de cuatrocientos mil francos que irían destinados al Hospital Español en París como donativo del industrial vizcaíno.

La comunión entre el empresariado vasco y la monarquía alfonsina fue casi siempre total. En ello tuvo mucho que ver la recuperación de los fueros para las tres provincias vascas tras las guerras carlistas, lo que se explica por el gran interés que siempre tuvieron Cánovas y la propia dinastía en atraerse a las florecientes élites locales, lo que a la postre significó alejar a los viejos cabecillas rurales. El esplendor de San Sebastián como lugar de descanso, similar al que se había asentado en Francia, Italia o Alemania, es la imagen más fiel de aquel maridaje.

Ese triángulo, Madrid, Barcelona y Bilbao, hacia donde fueron a parar la mayoría de los títulos nobiliarios, es el que ha marcado los perfiles del desarrollo económico español durante decenios, y el que explica buena parte de los problemas de despoblación y desequilibrio de rentas entre regiones. También, por qué no decirlo, porque el proceso de acumulación requiere de grandes centros de poder económico, y eso necesariamente tenía que perjudicar a los territorios más aislados y periféricos en los que el analfabetismo o la pobreza se habían convertido en un mal endémico.

En el caso de Málaga, la otra cuna de la industrialización, por una plaga de filoxera que en la década de los años setenta del siglo XIX arrasó la economía local y acabó por llevarse por delante la riqueza de la provincia.

No es casualidad que las primeras organizaciones empresariales, Fomento del Trabajo Nacional (1889) o la Liga Vizcaína de Productores (1894) nacieran en Barcelona y Bilbao, respectivamente. En el segundo caso, al calor de la protesta iniciada por los industriales catalanes contra los convenios comerciales impulsados por Cánovas, quien había osado suavizar el nivel proteccionista del arancel de 1891.

Es verdad que la estabilidad política que proporcionó la Restauración creó las bases del primer desarrollismo español de la edad contemporánea. Pero más allá de las cifras de crecimiento, lo relevante es que España empezaba a asomarse a la modernidad del incipiente capitalismo con una más que pobre calidad institucional.

Si hay que buscar un momento histórico para explicar la catástrofe que supuso el desinterés por lo mercantil hay que retroceder hasta la expulsión de los judíos, en 1492. El sistema feudal había impedido que los judíos tuvieran tierras, mientras que los cristianos controlaban los gremios artesanales. Esto les obligó a especializarse en profesiones «no cristianas», como los préstamos en la medida en que la ley canónica los prohibía.

El veto se basaba en una interpretación al pie de la letra del libro del Éxodo, que decía: «Si tú prestares dinero a alguno de Mi pueblo, no lo harás como usurero».

Así fue como se consideró que prestar dinero con un tipo de interés era usura, y, por tanto, delito bajo pena de excomunión o incluso muerte. La expulsión de los judíos liquidó esa actividad financiera, que es la sangre que recorre y da vida al aparato productivo.

Fueron los banqueros genoveses quienes ejercieran en la práctica el control del comercio con las indias a lo largo del siglo XVI pese a que fue el obispo Fonseca quien creó la Casa de la Contratación, en Sevilla, para controlar no solamente los flujos comerciales entre España y América o las leyes que se aplicarían, sino también la ciencia y la técnica.

Precisamente, en unos momentos muy relevantes para la causa de España tras haberse convertido en la primera potencia global del planeta gracias, sobre todo, al descubrimiento de ingentes yacimientos de plata. Como tampoco puede sorprender el extraordinario caso de las minas de Almadén, que explotaron los Fugger aprovechando la tradicional morosidad de los Austrias, o los suculentos negocios que hicieron los Rothschild, ya en el siglo XIX, a causa del endeudamiento crónico del Estado, y que en numerosas ocasiones se pagaba con la explotación de minas altamente rentables, como las de Riotinto, en el norte de Huelva.

El caso más emblemático es, probablemente, el de Francisco Pinelli, quien en 1491, junto con Gabriel Sánchez, prestó ocho millones de maravedís a los Reyes Católicos después de haber avalado al duque de Medina Sidonia con otros cinco millones. Fue Pinelli quien se encargó, poniendo otro millón de maravedís, de la deportación de Boabdil, el último sultán del reino nazarí de Granada, a África, y también fue quien organizó la expulsión de los judíos en 1492. Ese mismo año era ya arrendatario de las rentas reales en Palos de la Frontera, de donde salieron las carabelas, lo que refleja su cercanía a la Corona.

Pinelli, a quien en España se conoció como Pinelo, acabaría siendo factor de la importantísima Casa de la Contratación de Sevilla, y allí fue donde se casó con una aristócrata española, María de la Torre. Sus dos hijos, en lugar de seguir los lucrativos pasos de su padre, lo que hicieron fue convertirse en religiosos de gran prestigio, lo que refleja el espíritu de la época.

Tomar los hábitos no era, como puede suponerse, ninguna anécdota ni un hecho aislado. Se cuenta que los genoveses que vivían en la opulenta Sevilla de principios del siglo XVI siempre se resistieron a adoptar las costumbres de su tiempo porque eso era lo mismo que abandonar su espíritu mercantilista. No es de extrañar que tres siglos después fuera un francés, François Cabarrus, a quien pronto se le castellaniza como Francisco Cabarrús, quien fundara el Banco de San Carlos, origen del actual Banco de España. O que la modernización de España a lo largo del siglo XIX, en particular la extensión del ferrocarril, se pudiera financiar gracias al capital inglés o francés ante la escasez de recursos de la Hacienda nacional.

Las malas influencias: la Iglesia

La aversión de las clases pudientes por el comercio y, en general, por el progreso científico, tiene mucho que ver con la influencia de la Iglesia, y, en particular, con los debates teológicos sobre el papel del dinero en la conciencia de los fieles, y cuyas discusiones tuvieron su epicentro en la Escuela de Salamanca.

En 1772, cuando se abría paso la Ilustración y Diderot y d'Alembert ya habían publicado su *Enciclopedia*, la mayor gesta humana para compendiar todos los conocimientos de la época, el Gobierno y la Universidad de Salamanca discutían todavía sobre si había que enseñar a Newton, Descartes, Hobbes o Locke en las aulas del sobrio recinto universitario. Lo paradójico, en este caso, era que quien se negaba a las enseñanzas era la propia universidad, al contrario que el Gobierno ilustrado de Carlos III, que resultó ser más liberal. Un término, por cierto, de origen español que hoy define un determinado estilo de vida más que una ideología económica, pero que a menudo ha pasado de rondón por la historia de España.

La principal característica del Antiguo Régimen, desde luego la que tuvo más influencia sobre las clases populares, fue, de hecho, la coexistencia, a veces con fuertes desavenencias, de dos instituciones: la que representaba al Estado y la encarnada por la Iglesia. Ambas se pretendían soberanas, por lo que actuaban como si lo fueran. Pero ni el Estado tenía suficiente capacidad para mandar sobre los eclesiásticos ni estos estaban en condiciones de anular, aunque sí frenar, los cambios sociales que se producían de forma inexorable en la Administración pública, por muy incipientes que fueran.

Lo que subyace de aquel debate no era otra cosa que la influencia de la Iglesia sobre la sociedad civil, y que se refleja con nitidez en *El alcalde de Zalamea,* donde Calderón pone en boca de Pedro Crespo el célebre: «Al rey, la hacienda y la vida se ha de dar, pero el honor es patrimonio del alma y el alma sólo es de Dios». Es decir, una España romántica y aparentemente desinteresada, fértil y generosa en lo intangible, pero que en realidad se mentía a sí misma. Incluso, en lo que supone de coexistencia de dos derechos.

Por un lado, el canónico, que con frecuencia tendía a situarse por encima de las instituciones porque su poder no era terrenal, sino espiritual, mientras que el derecho público necesitaba para sobrevivir la capilaridad social de una Iglesia fuertemente arraigada en el núcleo rural, donde vivían las dos terceras partes de la población.

Fueron los ilustrados, en particular en tiempos de Carlos III, quienes se enfrentaron a esta realidad y quienes vieron en el excesivo poder de la Iglesia las causas primigenias del atraso hispano. La expulsión de los jesuitas en 1767 resume mejor que ninguna otra cosa esa tensión por el control de los poderes del Estado.

Lo que se había producido desde el siglo XVI fue una acumulación de bienes raíces en poder de la Iglesia, de instituciones benéficas y de los mayorazgos, que se tradujo en una parálisis de la compra-venta de tierras, lo que a la postre provocó una verdadera atrofia económica, como habían denunciado ilustrados como Jovellanos o Campomanes. Tan sólo la desamortización de Godoy, en 1798, supuso la enajenación de la sexta parte de los bienes de la Iglesia, lo que da idea de su importancia económica.

Sin embargo, habría que esperar a la reforma tributaria de 1845, en el marco de la primera gran reforma agraria liberal, para eliminar el diezmo eclesiástico. El diezmo era un impuesto que los agricultores y ganaderos estaban obligados a entregar a la Iglesia y que solía representar la décima parte de la producción, tanto agrícola como ganadera.

Para hacerse una idea de su importancia sólo hay que tener en cuenta que la contribución agraria, frente a la escasa recaudación procedente de la industria y de las actividades comerciales, suponía la columna vertebral del calavérico sistema fiscal. Nada menos que una quinta parte de los ingresos del Estado dependía directamente del campo, lo que explica la tensión permanente entre el mundo rural y las grandes ciudades.

La economista inglesa Marjorie Grice-Hutchinson, especialista en la Escuela de Salamanca, ha acreditado que ya desde los lejanos tiempos de la Reconquista, cuando todo se vestía de heroicidad, la guerra había sido una magnífica oportunidad para quienes estuvieran cerca del poder.

El verbo saquear, de hecho, describe con precisión de cirujano lo que hoy llamaríamos captura del regulador en la jerga económica. O lo que es lo mismo, lo que sucede cuando quien está obligado a defender los intereses generales sucumbe ante la influencia de los grupos de presión. No es ajena esa influencia al llamado atraso histórico de España, que no sólo ha tenido que ver, como puso de manifiesto Blanco White, uno de esos liberales que tuvieron que exiliarse, con unas condiciones físicas más desfavorables que el resto de Europa, sino con un entramado institucional oxidado con el paso del tiempo.

Es verdad que España nunca ha tenido ríos navegables, y también lo es que no dispone de un clima benigno en ciertos meses del año en los que aprieta tanto el calor como el frío. Pero los obstáculos a la prosperidad de España no sólo han sido físicos o relacionados con el territorio.

El propio Blanco White lo dijo con una claridad atronadora refiriéndose a la situación de España: «El estorbo más importante contra la prosperidad viene de la división de sus habitantes en castas distinguidas por las leyes y por la diferencia de jerarquía y privilegios».

Y Amadeo de Saboya lo remató unas décadas después en la carta más trágica que haya escrito jamás un rey tras renunciar al trono:

> Si fuesen extranjeros los enemigos de su dicha, entonces, al frente de estos soldados tan valientes como sufridos, sería el primero en combatirlos; pero todos los que con la espada, con la pluma, con la palabra agravan y perpetúan los males de la nación son españoles, todos invocan el dulce nombre de la patria, todos

pelean y se agitan por su bien; y entre el fragor del combate, entre el confuso, atronador y contradictorio clamor de los partidos, entre tantas y tan opuestas manifestaciones de la opinión pública, es imposible atinar cuál es la verdadera, y más imposible todavía hallar el remedio para tamaños males.

Aquí está el origen de lo que se ha llamado atraso histórico de España, que no tiene nada que ver con la idiosincrasia nacional, como muchas veces se ha dicho, ni con una maldición divina que castiga a los españoles por el hecho de serlo. Por el contrario, hay que vincularlo a la captura de rentas por parte de unos pocos en detrimento del interés general.

A ello contribuyó de forma poderosa la influencia del capital exterior, que en ocasiones bloqueó el desarrollo industrial del país gracias a que fue capaz de entretejer en torno al Estado una espesa red clientelar con el único objetivo de asegurarse la explotación de los recursos naturales, préstamos para financiar la construcción de líneas ferroviarias o el control oligopolístico del mercado. No hay que olvidar que entre 1861 y 1910 España aportó el 22 % del plomo que se consumía en el mundo, el 15 % del zinc y el 10 % del cobre, además de la casi totalidad del mercurio procedente de Almadén (Ciudad Real).

La industrialización, que durante más de un siglo fue el motor económico de la historia, casi nunca fue asumida por el poder político, que al contrario de lo que sucedió en las naciones más avanzadas optó por lo más fácil:

subcontratar sus funciones en empresarios individuales cercanos al poder o, en algunos casos, en directivos de empresas públicas o semipúblicas que siempre gozaron de una enorme autonomía de gestión. Así es como se creó una aristocracia financiera que concentró el poder en sus manos a costa de la mayoría.

Los acontecimientos ocurridos en las últimas décadas, desde la recuperación de la democracia, sin embargo, reflejan que España, necesariamente, no estaba condenada a navegar a contrapelo del progreso.

2
El atraso histórico de España, ¿verdad o leyenda?

Pocos asuntos han resultado tan polémicos entre los historiadores como lo que se ha denominado de forma recurrente —hasta convertirse a veces en un tópico— atraso histórico de España. Sus causas hay que vincularlas no sólo al pobre desempeño de la industria y, en general, al mal comportamiento de la economía, en particular la agricultura, respecto de sus pares europeos; sino también a la deficiente arquitectura institucional y, por supuesto, al nivel cultural y educativo del país. También al escaso progreso de la ciencia en la medida que sus avances cuestionaban algunos de los principios básicos sobre los que se sustentaba el orden social impuesto por el sistema político y religioso.

Una prueba de ese retraso, si se quiere simbólica, es que la Royal Society británica fue fundada en 1660, mientras que la Real Academia Española de Ciencias Físicas y Exactas, su equivalente, no lo hará hasta 1847, casi dos siglos después. El Instituto de Estudios Políticos de París, el célebre Sciences Po, fue creado, igualmente, en 1872 tras la guerra franco-prusiana, mientras que España tendría que esperar varias décadas para encontrar una institución parecida y desde luego sin los niveles de excelencia de su homóloga francesa.

La desidia por la ciencia y en última instancia por el conocimiento se relaciona con el fracaso continuado de las políticas reformistas a lo largo del siglo XVIII y, sobre todo, de la primera mitad del XIX. En concreto, por el miedo al contagio de la revolución francesa. O expresado de otra forma, los intereses cruzados de la monarquía, de las élites y de la Iglesia fueron un lastre que llegó hasta las primeras décadas del siglo XX, cuando la Junta de Ampliación de Estudios iluminó siglos de ignorancia científica. De hecho, tanto el liberalismo de Cádiz, como el Trienio Liberal sólo fueron posibles cuando la primera burguesía pudo encontrar vacíos de poder. Como decía el asturiano Flores de Lemus, al pueblo se le habían hurtado los beneficios de la victoria ante el invasor. Desde luego, muy lejos de aquella España que en los siglos anteriores, y tras el descubrimiento, había asombrado al mundo con avances científicos en astronomía, instrumentos de navegación o cartografía. Juan de Herrera, el arquitecto de El Escorial, llegó incluso a establecer una Academia Real Mathematica en 1582, pero tres siglos de desdén por la ciencia acabaron por arrumbar aquella iniciativa.

Habría que esperar a 1857 para que España aprobara la primera Ley de Instrucción Pública, la llamada ley Moyano, que estableció la enseñanza obligatoria entre los seis y nueve años, además de organizar todos los niveles educativos, incluso la carrera docente. Lo singular fue que la escolarización primaria había sido declarada obligatoria en 1813, pero como tantas veces ha ocurrido en la historia de España, su aplicación se retrasó decenas de años. Fue en 1900 cuando nació el Ministerio de Instrucción Pública y Bellas Artes, pero con medios tan pobres que su estructura orgánica lo conformaban una subsecretaría y cuatro secciones.

Algo similar sucedió con los programas de vacunación con unas consecuencias devastadoras. Su escasa implantación provocó elevadas tasas de mortalidad infantil, lo que explica en parte las dificultades históricas que ha tenido España para poblar amplios territorios en coherencia con su tamaño. Cuando se creó lo que hoy se llama Ministerio de Educación la esperanza de vida al nacer era de apenas 33,8 años para los hombres y de 35,7 para las mujeres. La población española, de hecho, fue la que menos creció en Europa —tras Francia e Irlanda— en la segunda mitad del siglo XIX.

El jurista Moyano, una de las cabezas más brillantes de las que ha dado España, era hijo de unos grandes terratenientes extremeños con enorme capacidad de influencia en la comarca de Guareña, en Badajoz. Su astucia política le llevó a convencer a la Iglesia, aunque nunca lo consiguió del todo, de que tenía que perder el monopolio de la rudimentaria educación que ofrecía y de que el Estado, como sucedía en otras naciones, debía garantizar al menos las cuatro reglas en un país donde a mediados del siglo XIX entre un 70 y un 80 % de la población, según las fuentes, era analfabeta. Un rango, en cualquier caso, que se situaba muy por encima del existente en Alemania o Inglaterra, donde cerca del 80 % de la población adulta, por el contrario, sabía leer y escribir, tres veces más que en España.

La obra de Moyano fue tan imponente que tres décadas después, en el Senado, el propio autor de la norma llegó a jactarse de que su ley seguía estando vigente con un argumento sin igual que difícilmente puede trasladarse a la España contemporánea: «Esta ley ha durado y durará muchos años porque dicha ley, y eso lo puedo decir muy alto, fue una ley nacional, no de partido». No le faltaba razón. La ley Moyano, en sus líneas generales, estuvo vigente hasta 1970, cuando en la agonía del franquismo político y en pleno desarrollismo económico se aprobó la Ley General de Educación.

El que hubiera ley de educación, sin embargo, era una condición necesaria pero no suficiente, para garantizar la existencia de recursos materiales —humanos y económicos— para combatir el analfabetismo. Todavía en los años treinta del siglo pasado uno de cada tres españoles no sabía leer ni escribir. Se ha estimado que España contaba en 1930 prácticamente con la misma cantidad de analfabetos que en 1887. Incluso en el tardío 1950 la dictadura se vio obligada a crear una Junta Nacional contra el Analfabetismo con el objetivo de abolir aquella «vieja enfermedad» de los españoles, como la llamó una campaña publicitaria que se desplegó entonces por pueblos y aldeas que venía a denunciar que la ignorancia académica había adquirido un carácter crónico.

Y es que la guerra civil había causado estragos en un país ya atrasado. La generación del 36 sin estudios era similar a la de 1922, y así fue hasta 1955, cuando comenzó la expansión económica y el analfabetismo empezó a ser una lacra en retirada.

Existe un claro consenso en que entre las causas del analfabetismo se encuentra que en España, al contrario que en el mundo protestante, donde se hacían interpretaciones propias de los textos sagrados —y de ahí las numerosas confesiones— la Iglesia católica, que tenía el monopolio de las lecturas eclesiásticas, nunca tuvo entre sus objetivos prioritarios promocionar la lectura para que los feligreses pudieran leer los textos sagrados a la luz de su libre albedrío.

Ese empeño por inculcar los textos religiosos en las aulas no llegaría hasta finales del siglo XIX, cuando la Europa del norte llevaba ya siglos leyendo la Biblia. Además, y frente a lo que sucedió en otros países, en España las órdenes religiosas no apostaron por desarrollar redes de escuelas como sí lo hicieron otros países de tradición católica, en particular Francia. El proyecto liberal de modernización del Estado, una vez más, encalló por ausencia de medios y de voluntad política.

El atraso, en todo caso, hay que situarlo en términos relativos, porque en economía, como le gustaba decir al profesor Fuentes Quintana, hay que aplicar el cuento de *Alicia en el país de las maravillas,* en el que no basta con correr para permanecer en el mismo lugar, sino que hay que hacerlo más deprisa para ganar posiciones respecto del competidor. Y España, es verdad, corrió económicamente como nación entre 1790 a 1913, pero los demás países europeos lo hicieron más deprisa y la dejaron rezagada. No hay estancamiento ni decadencia económica de España, lo que hay es un atraso relativo respecto de los países de Europa occidental, decía el profesor.

Pensar y cavar la tierra

Fueron precisamente los regeneracionistas del 98 quienes denunciaron las causas del fracaso como nación tras la pérdida de las últimas colonias. Pero incluso antes, Francisco Giner de los Ríos, el gran patriarca de los pedagogos españoles, lo hizo a través de la Institución Libre de Enseñanza a partir de una dolorosa realidad: no bastaba con disponer de un sistema educativo reglado como el que inspiró Moyano, aunque todavía fuera muy básico y sólo pudiera alcanzar a una parte mínima de la población, sino que además debía incorporar los modernos modelos de aprendizaje que comenzaban a despuntar en Alemania, Francia o Inglaterra.

Giner llegó a advertir que el sistema memorístico tanto para los alumnos como para los propios profesores o la utilización exclusiva de libros de texto para absorber conocimiento sólo podían generar lo que llamó «generaciones machaca» por su carácter repetitivo, y que se había trasladado al sistema de oposiciones. Frente a esto, y en línea con los pensadores más avanzados de su época, reclamó una educación que fuera también una forma de vivir y de actuar. Tan importante era una cosa como la otra. Giner lo resumió en una frase que recoge su visión de lo que debe ser la instrucción en el sentido que quisieron dar a ese término los regeneracionistas: «Tan práctico es pensar cómo cavar la tierra».

Ese era, precisamente, el objetivo de la Residencia de Estudiantes cuando se creó en 1910 por real decreto firmado por el conde de Romanones, que era justamente el envés de lo que había sido la educación tradicional en los ámbitos superiores. Por primera vez, el sistema político se preocupó por formar a las élites.

La exposición de motivos comienza con el reconocimiento de un fracaso:

> En los órdenes superiores de la enseñanza en España —sostiene—, nos preocupamos casi exclusivamente de la parte instructiva de los escolares, pero nada o muy poco de la parte que pudiéramos llamar educativa propiamente dicha, es decir, la que afecta a la formación del carácter, a las costumbres, a la cortesía en el trato social, a la tolerancia y respeto mutuos.

Hasta su brusca interrupción nada más comenzada la guerra civil, durante un cuarto de siglo, la Residencia de Estudiantes, situada en los altos de la calle Serrano, fue la luz que iluminaba las sombras de la mano del malagueño Alberto Jiménez Fraud.

El abogado y editor Jiménez Fraud, que moriría como tantos otros fuera de España obligado por el nuevo régimen, había sido propuesto para dirigir la Residencia de

Estudiantes por el propio Giner de los Ríos, y para hacerse una idea de su valía intelectual sólo hay que recordar que ya en el exilio fue, con el apoyo de Keynes, miembro destacado de la Universidad de Cambridge. También en Oxford, a propuesta del hispanista William J. Entwistle, enseñó como lector de español y en 1942 adquirió la condición de Master of Arts honorario de esta universidad. Gran conocedor de la obra de Maquiavelo, representa como nadie esa España rota por la guerra civil.

Es verdad que quienes más se beneficiaron de la existencia de la Residencia de Estudiantes, que es la otra cara del atraso histórico de España, fueron las élites o los hijos de la pequeña burguesía ilustrada, pero también es cierto que el propio real decreto llamaba la atención sobre la necesidad de poner en marcha un sistema de becas para favorecer el acceso de las clases más menesterosas.

> No existen en nuestra patria, con la profusión y abundancia que en otras naciones —sostiene la norma—, las becas o pensiones para alumnos pobres de méritos relevantes; y debe atenderse a ello, porque en régimen de buena democracia es preciso abrir a esas clases las puertas del estudio, y porque con ello se favorecerá de manera notable el desenvolvimiento científico y la cultura nacional.

Dalí, Buñuel, Lorca, Severo Ochoa… son el mejor ejemplo de aquella España que quería engancharse a la modernidad.

La Residencia de Estudiantes, en todo caso, es heredera de un organismo clave en la reciente historia de España, como fue la Junta de Ampliación de Estudios e Investigaciones Científicas, creada por real decreto en 1907, y que fue realmente el primer intento de construir un sistema universitario moderno comparable al que por entonces se levantaba en Europa.

La Junta, bajo la presidencia de Ramón y Cajal y la impronta del jurista José Castillejo, realizó, con escasos medios materiales, pero con un indudable empeño renovador, una prodigiosa tarea en el ámbito científico. Su patronato estaba formado por veintiún miembros entre los que estaban Menéndez Pidal, Rafael Altamira, Gumersindo de Azcárate, Ignacio Bolívar, Joaquín Sorolla y Leonardo Torres Quevedo. De su modernidad da cuenta que el propio Castillejo, también muerto en el exilio, promovió una Asociación para la Enseñanza Plurilingüe para atajar una de las causas históricas del atraso: el conocimiento de otras lenguas fuera del castellano.

El real decreto, firmado por el médico Amalio Gimeno y Cabañas, ministro de Instrucción Pública y de Bellas Artes, ya advertía que «un pueblo que se aísla, se estaciona y se descompone». Y ese era, precisamente, y en un texto legal, el reconocimiento de un error histórico: la política aislacionista emprendida y mantenida durante los años en los que Europa, al calor de la industrialización y los avances técnicos, daba su gran salto adelante. Precisamente, para proteger el mercado interior de la competencia exterior, lo que a la postre significó un empobrecimiento general del país.

El propio real decreto recordaba que Francia e Italia habían llevado «a su juventud y al profesorado» a las universidades y seminarios alemanes, y de allí había salido también «lo más distinguido del profesorado ruso». El Gobierno de Japón, igualmente, había educado en Europa y en América a varias generaciones y no permitía, incluso, que sus profesores pudieran ocupar las cátedras «sin haber estado antes algunos años en el extranjero».

La figura de Amalio Gimeno y Cabañas, hoy completamente desconocida para la mayoría, pese a contar con una importante obra científica sobre la higiene y la necesidad de luchar contra las bacterias en unos momentos de enorme insalubridad —una gran epidemia de cólera afectó al Madrid de 1885 y a otras zonas de España—, es importante porque revela ya la existencia de esas dos Españas sobre las que se ha escrito una ingente literatura. La que frena y la que acelera. La España que conspira para mantener sus privilegios y la España reformista y abierta al mundo.

Mientras que el conde de Gimeno, nacido en Cartagena, se sumó a los incipientes movimientos de regeneración social y de modernización de la ciencia, muchos otros políticos de su generación lastraron los avances en aras de defender sus propios intereses.

Gimeno fue uno de los fundadores del Museo Antropológico de Madrid, en 1875, y, sobre todo, fue quien instauró, como ministro de Romanones, la jornada laboral de cuarenta horas tras la histórica huelga de La Canadiense, que supuso un antes y un después en la historia del movimiento obrero, lo que convirtió a España en el segundo país de Europa que lo hizo, incluso antes de que lo aprobara la Organización Internacional del Trabajo (OIT). Fue el primer representante de España en la Sociedad de Naciones y uno de los mejores exponentes de una España liberal en el sentido primigenio del término que desde dentro del sistema político intentó modernizar el país.

Aquella huelga, cuyo detonante fueron ocho despidos, mostró mejor que ninguna otra cosa el cambio que estaba sufriendo el país con la irrupción de los obreros industriales como nuevos sujetos políticos. Algo que se tradujo en un aumento frenético de la afiliación sindical. UGT, por entonces el sindicato mayoritario, tenía en 1909 poco más de cuarenta y tres mil afiliados, mientras que cuatro años más tarde rozaba ya los ciento cuarenta y siete mil setecientos. En paralelo, la CNT, la central obrera anarcosindicalista, comenzaba a ser mayoritaria en las fábricas catalanas, convertidas en la vanguardia del movimiento obrero.

El atraso agrario

Muchos han relacionado el atraso económico con el escaso dinamismo del campo español, que gestionado, por decirlo de una manera generosa, durante décadas por manos muertas nunca fue capaz de generar suficientes excedentes para financiar la revolución industrial. Entre otras razones, por su escasa mecanización y el bajo empleo de abonos, que a la postre fue la gran revolución del primer tercio del siglo XX en Europa, lo que en última instancia limitó el crecimiento de nuevos cultivos de mayor valor añadido.

No es, desde luego, irrelevante en términos humanos, al margen de lo estrictamente económico. Algunos estudios han encontrado que esa baja productividad del campo está detrás de la existencia de una dieta alimenticia claramente deficiente más propia de la subsistencia o del subdesarrollo, lo que retrasó los niveles de progreso del español medio, incluso en medidas antropométricas. De hecho, la pobre alimentación, que lleva a aumentar el número de fallecidos a causa de la desnutrición o de las malas condiciones de vida, es lo que explica en parte que una de las causas del estancamiento de la economía española fuera el escaso aumento de la población, muy inferior al de los países del norte de Europa.

Y no es un asunto menor habida cuenta de la enorme dependencia de la economía española de la agricultura. Se ha estimado que a principios del siglo XX el sector agrario ocupaba a alrededor de dos tercios de la población activa, y sólo el 15 % lo hacía en la industria. En la tercera década del siglo las cosas empezaron a cambiar, pero la guerra civil volvió a significar una vuelta al campo que sólo el Plan de Estabilización de 1959 pudo cambiar. En definitiva, un viaje de ida y vuelta.

Una de las causas de la creciente disparidad entre la Europa septentrional y la meridional, incluyendo a Portugal e Italia, está, precisamente, en que los países del norte, en particular Holanda e Inglaterra, fueron capaces de poner en marcha su propia revolución agrícola, mientras que los del sur todavía utilizaban las mismas técnicas de arado que los romanos.

Independientemente de la herencia genética, la consecuencia fue que en países como España los precios relativos de los alimentos eran superiores a otros bienes por una oferta insuficiente, lo que suponía un encarecimiento de la cesta de la compra y, por lo tanto, menor consumo de proteínas. Entre otras razones, por las restricciones a la importación de productos de primera necesidad, lo que perjudica sobremanera a las clases menesterosas. Obviamente, por la influencia de minorías que buscaban mercados cautivos.

El asturiano Manuel Pedregal, uno de los vicepresidentes de la sociedad que agrupaba a los librecambistas, y a quien el escritor Armando Palacio Valdés denominó «amigo leal de su siglo», lo explicó con una claridad meridiana:

> Un país pobre sucumbe bajo el peso de la protección, porque la protección es causa de escasez, más que de carestía. [...] No existe esa dificultad para las clases ricas, para la aristocracia y para la burguesía que prospera. Real más o menos en kilogramo de pan, les importa poco. Pero el pobre trabajador, el menestral, que destina gran parte de su jornal para atender a su

> alimentación, [...] pierde una parte de sus fuerzas productoras.

La causa última del atraso, sin embargo, es mucho más prolija y también hay que encontrarla en el aislacionismo tradicional de España respecto del contexto europeo en la medida en que los empresarios locales no tenían necesidad de competir en el exterior porque el mercado interno estaba asegurado. Y lo era gracias a la tupida red de clientelismo político que favorecía la existencia de élites locales que no tenían ningún incentivo para correr riesgos —algo consustancial al empresario— por la simple razón de que el acceso a los mercados interiores estaba garantizado por el correspondiente diario oficial, lo que permitía una posición de privilegio que fuera de nuestras fronteras nunca se podría conseguir.

Había, por lo tanto, un problema de oferta, como han señalado historiadores económicos como Pedro Fraile, que necesariamente hay que relacionar con la organización industrial y la estructura institucional del país. Ambos factores tuvieron por lo menos tanto protagonismo como la demanda en el retraso de la industrialización española antes de la guerra civil.

Algunos historiadores han puesto como caso emblemático el del textil catalán, que siempre optó por maximizar beneficios por la vía de la elevación de los precios interiores en lugar de obtener mayores ganancias aumentando las cantidades vendidas no sólo en España, sino en el extranjero.

Existen evidencias de la enorme capacidad de las élites para aprovechar la estabilidad política que caracterizó a la Restauración para la configuración de grupos de presión bien organizados con acceso privilegiado a la producción de normas y decretos. Y cuya esencia fue la construcción de un país que en numerosas ocasiones cercenó la competencia exterior para asegurarse precios altos en el interior a través de una política arancelaria que no atendía el interés general. Sólo Finlandia y Polonia, entre 1913 y 1931, tuvieron un nivel de protección arancelaria tan elevado como España, y en algunos productos, como el textil o la siderurgia, podían situarse entre el 36 y el 45 %.

El arancel consiste en intervenir un precio por determinadas razones, normalmente para proteger a la industria nacional, lo que se traduce en productos más caros en el mercado interior por una oferta insuficiente. En la España finisecular, tras la derrota del sueño liberal que caracterizó a una parte relativamente pequeña del siglo XIX, los aranceles se aplicaban a las importaciones y en mucha menor medida a las exportaciones, entre otras razones por la escasa propensión de las empresas a vender sus mercancías fuera del país.

La tentación aislacionista

Detrás de los aranceles no sólo había una disputa económica entre gremios que querían protegerse de la competencia exterior. Reflejaban también la gran polémica del siglo XIX entre los partidarios del aislamiento, aunque fuera a costa del progreso, y los librecambistas. O expresado de otra manera, los conservadores y los liberales, con todos los matices que se quieran, y que tienen en Laureano Figuerola, el padre intelectual de la peseta, la figura más destacada.

Figuerola, hijo de un abogado liberal que se había establecido en Barcelona poco antes de que el duque de Angulema ocupara la ciudad a sangre y fuego, restaurando así el absolutismo fernandino, estudió leyes y economía. Abrió despacho como abogado en la capital catalana, pero pronto adquirió prestigio como síndico del Ayuntamiento de Barcelona, incorporándose al Partido Progresista, fundado durante la regencia de María Cristina por quienes entonces se consideraban liberales exaltados. Diputado en Cortes durante el bienio progresista, fue el apóstol del librecambismo. Pero tuvo que esperar hasta la revolución de 1868, la Gloriosa, para tener un papel relevante como ministro de Hacienda en el marco de la junta revolucionaria interina.

Ha pasado a la historia como el creador de la peseta, pero el llamado Arancel Figuerola es, probablemente, su gran obra y la medida más trascendente tomada entonces, además del saneamiento de la Hacienda pública. Aunque parezca una contradicción, introdujo un arancel librecambista que al menos permitió, hasta 1891, que hubiera una política comercial abierta a través de la forma de diversos tratados con países vecinos. Ahora bien, la rebaja del Arancel, en todo caso, y en la práctica, nunca estuvo totalmente desplegada.

En 1875 se llegó a suspender a causa de la última guerra carlista, que fue aprovechada por la España proteccionista, bien pertrechada en los aledaños del poder, para salvaguardar sus intereses al amparo del ideario de Alexander Hamilton, primer secretario del Tesoro de Estados Unidos y del alemán Friedrich List, el economista germano más influyente en su época en el ámbito conservador, partidario de proteger, primero, para luego liberalizar, como había hecho Inglaterra.

Figuerola no estaba solo. Los vientos librecambistas habían soplado con fuerza unos años antes de que los progresistas alcanzaran el poder en la Gloriosa, aquella revolución protagonizada por la mejor España. El 25 de abril de 1859 se había celebrado en la Bolsa de Madrid, por entonces situada en la plazuela de la Leña, una reunión que dio origen a la llamada Asociación para la Reforma de los Aranceles de Aduanas, y según la prensa de la época, la amplia concurrencia sorprendió, incluso, a los propios convocantes. El objetivo declarado de la reunión, según las actas que se publicaron entonces, era la propagación «de los principios liberales en materia de comercio».

En el frontispicio de aquella conspiración en defensa del libre comercio se situó un razonamiento que en realidad resume una tensión histórica entre reacción y progreso. Entre la España que quería abrirse al mundo y la que recelaba del comercio con los extranjeros. No sólo porque iba contra el pensamiento tradicional, sino porque la competencia podría atentar contra sus intereses particulares.

> La justicia y la conveniencia de la libertad de comercio —decía aquel manifiesto de los librecambistas— están ya completamente demostradas en el terreno científico. Nadie que haya estudiado imparcialmente estas materias ignora hoy que el progreso económico de los pueblos sólo puede realizarse caminando hacia la libertad comercial por medio de reformas graduales de la legislación de aduanas.

No lo tendrían fácil. En la propia Acta de constitución de la Asociación se reconoce «la resistencia que opusieron y que opondrán a la reforma arancelaria muchos industriales, hasta que se convenzan de que los privilegios que la legislación actual les concede son tan perjudiciales para los productores como para los consumidores».

El cabecilla de la revuelta librecambista era un hombre de orden, Luis María Pastor y Rodríguez, un político moderado que jugó un papel muy relevante en todos los debates económicos de la época. Fue director de *El Corresponsal* y contribuyó a la difusión de las ideas librecambistas a través de *El Economista,* fundado en 1854 siguiendo la estela del semanario británico *The Economist.*

Pastor y Rodríguez había sido diputado por los moderados, pero según avanzaba el siglo fue acercándose cada vez más a los progresistas, y en particular a Figuerola. Puso en marcha la Sociedad de Economía Política y llegó a ser nombrado director general de la Deuda Pública, por lo que conocía bien los crónicos —y hasta patológicos— problemas del Estado para financiarse. Finalmente, fue nombrado ministro de Hacienda.

Su *Historia de la deuda pública española* ha pasado a la posteridad como uno de los primeros intentos de cuantificar las necesidades de financiación del Tesoro, cuyo origen en la época moderna hay que situar en las guerras de los Austrias para mantener un ejército poderoso en buena parte del planeta y que a la postre fue la ruina de Castilla, que fue quien financió las contiendas.

Pastor y Rodríguez, que estaba al tanto de la obra de Adam Smith y de Jean Baptiste Say, célebre por su teoría de que es la oferta la que crea su propia demanda, considerada la base teórica del liberalismo económico, siempre estuvo convencido de que el atraso histórico de España tenía su origen en la escasa importancia que siempre se dio a la economía política, por lo que su mayor trabajo intelectual fue propagar las ideas imperantes en los países más avanzados, en particular Inglaterra, ya volcada en la segunda revolución industrial.

Su idea del progreso pasaba por la eliminación de la esclavitud, y en 1865 fue uno de los impulsores de su abolición. Frente a Figuerola, se sitúo en contra de que el Banco de España tuviera el monopolio de la emisión de billetes.

La cuestión de la esclavitud no era un asunto menor para la economía española. Se ha calculado que entre los siglos XVI y XVIII alrededor de quinientos setenta y nueve mil esclavos llegaron a la América española, en la mayoría de los casos a través de comerciantes extranjeros que actuaban como intermediarios ante los recelos de la Iglesia para hacerlo directamente. De hecho, la Iglesia no condenaría la esclavitud o la trata de seres humanos hasta 1839, bien entrado el siglo XIX. Entre otras razones, por su importancia en términos políticos, económicos y hasta administrativos, ya que la situación afectaba a los vastos territorios que controló la Corona hasta la independencia de las repúblicas americanas.

Junto con los problemas para modernizar la agricultura, otro factor relevante que explica el atraso económico de España fue la existencia de un deficiente sistema monetario que encarecía las transacciones y las hacía extraordinariamente costosas en un país que sólo formalmente estaba integrado pese a ser prácticamente el único que apenas ha modificado sus fronteras desde hace cinco siglos.

Durante el primer tercio del siglo XIX coexistieron distintos sistemas monetarios, ninguno de ellos decimal, lo que complicaba las transacciones. No sólo exteriores habida cuenta de que el uso de las distintas monedas se había regionalizado, sino también interiores. La hegemonía de la peseta, de hecho, no llegaría hasta 1868 de la mano del propio Figuerola, y aunque se ha especulado que su origen catalán está detrás de su éxito —peseta significa algo así como piececita— lo cierto es que su triunfo frente al resto de monedas tuvo que ver con que su valor era el más aproximado al franco francés, que era la unidad básica de la Unión Monetaria Latina, el primer gran intento de crear una divisa común, y que inicialmente comprometió a Francia, Bélgica, Italia y Suiza.

Los caciques de toda la vida

«España no es una nación libre y soberana». Así reza el título del primer capítulo del libro que mejor explica un fenómeno típicamente español y que en su día fue un latigazo a la conciencia de los ilustrados. Lo escribió el aragonés Joaquín Costa y lo tituló *Oligarquía y caciquismo.* Su tesis es muy simple. Aunque la Constitución de 1869 sostenía que «la soberanía reside esencialmente en la nación, de la cual emanan todos los poderes», la realidad es que estaba secuestrada por minorías bien pertrechadas.

Cacique es una palabra de origen caribeño que designa a los jefes de las tribus de Centroamérica, y su traslación a la España finisecular era exactamente eso. Los caciques, en nombre del rey después de la colonización, eran quienes mandaban en las aldeas, en las ciudades medias, en las audiencias, en las capitales de provincia y allí donde hubiera algún interés económico. Una especie de dominación silenciosa que todo el mundo conocía pero que entonces no había más remedio que asumir ante el miedo reverencial al poder a causa de su fuerza coercitiva.

El propio Joaquín Costa, nacido en una familia humilde de agricultores, y sin duda el apóstol del regeneracionismo, definió el término caciquismo con una precisión de cirujano:

> Cada región y cada provincia se hallaba dominada por un particular irresponsable, diputado o no, vulgarmente apodado en esta relación cacique, sin cuya

voluntad o beneplácito no se movía una hoja de papel, no se despachaba un expediente, ni se pronunciaba un fallo, ni se declaraba una exención, ni se nombraba un juez, ni se trasladaba un empleado, ni se acometía una obra; para él no había ley de quintas, ni ley de aguas, ni ley de caza, ni ley municipal, ni ley de contabilidad, ni leyes de enjuiciamiento, ni ley electoral, ni Instrucción de consumos, ni leyes fiscales, ni reglamentos de la Guardia Civil, ni Constitución política del Estado.

El caciquismo, hay que decirlo, es primo hermano de otro concepto que explica muy bien otra de las causas del atraso español: el clientelismo. Y esto es así porque al haber un jefe —o varios que se reparten un mismo territorio— los súbditos necesitan tener acceso a las dádivas y a las disposiciones que el poder está en condiciones de conceder, siempre a cambio de la sumisión, lo que en la práctica significaba dejar de ser ciudadanos y convertirse en súbditos.

Los caciques como Germán Gamazo, de hecho, no sólo eran el poder, sino la correa de transmisión del poder en el ámbito superior, ya fuera económico, político o eclesiástico. De ahí su importancia en términos históricos, ya que venían a asegurar la continuidad del régimen canovista. El escritor Ramón Pérez de Ayala lo describió de una manera muy gráfica: «Por todas partes, en el mundo oficial, reinaba el favor». Mientras que el profesor José María Jover lo ha identificado como una especie de suplantación constitucional. Es decir, el orden social no emanaba de la Carta Magna, sino de la capacidad del cacique para imponerlo a la luz de su interés particular.

Ahora bien, su poder no sólo podía derivar de su pertenencia a las élites, sino que era consecuencia de la debilidad de los aparatos del Estado tras las sucesivas guerras, revoluciones y pronunciamientos que marcaron un siglo especialmente convulso, lo que explica que las élites rurales tuvieran la necesidad de crear sistemas de protección propios para asegurarse la estabilidad que no encontraban en el Estado. En última instancia, creando un aparato particular que incluso llegó a ganar prestigio social. Por decirlo de una manera actual, eran la subcontratación del Estado ante la pasmosa debilidad de este, lo que acabó por convertir el caciquismo en algo estructural, no pasajero, y, por lo tanto, en una institución muy poderosa.

Es significativo, en este sentido, la capilaridad del caciquismo, ya que llegó a abarcar con sus propias características provinciales o comarcales al conjunto del país, donde en la práctica había una especie de reparto del poder local. Existe un mapa del caciquismo español publicado el 1897 por la revista satírica *Gedeón* que revela gráficamente aquella España de los feudos y del poder local.

Es evidente que España no fue la única nación donde el caciquismo tuvo fuerza, ahí está el caso de los llamados burgos podridos de Inglaterra, pero la diferencia estriba en que esa jerarquía social comenzó a desaparecer ya a primeros del siglo XIX, a medida que avanzaba el liberalismo, mientras que en España sólo después de la frustración que supuso la pérdida de las colonias en 1898 comenzó a ser visible una protesta digna de tal nombre, aunque fuera únicamente por parte de las élites regeneracionistas.

3
BANQUEROS AL PODER

En el Museo de la Garrotxa, en Olot, se exhibe el cuadro que probablemente mejor representa los antagonismos de una época. Lo pintó Ramón Casas en 1903, y aunque hay versiones anteriores sobre el mismo motivo, el lienzo refleja desde una perspectiva modernista una carga de la Guardia Civil contra obreros en huelga. Los hechos habían sucedido un año antes, cuando los trabajadores industriales se alzaron en Barcelona reclamando más salarios y mejores condiciones de vida y trabajo.

El óleo, de grandes dimensiones, muestra en un primer plano, aunque Casas no quiso situar a los personajes en el centro de la pintura, sino a un lado para dar mayor realce a los manifestantes, a un guardia civil a caballo coronado por su tricornio reglamentario blandiendo un sable y pateando a un obrero que cae aparatosamente al suelo bajo las pezuñas del animal como si se tratara de un muñeco de trapo.

Al fondo del cuadro se divisa, entre brumas, la silueta de la basílica de Santa María del Mar, y junto a ella, altivas y hasta envalentonadas, chimeneas humeantes como queriendo mostrar la fuerza de la industria en una Barcelona que había visto emerger en pocas décadas, al calor de los avances técnicos, y, en particular, de la electrificación, una nueva clase social: los obreros industriales. Pero también una burguesía que se sentía poderosa y dueña de su destino que en ocasiones aplicaba por entonces lo que se conocía como «garrotada seca», es decir, no negociar con los obreros y utilizar si era preciso la violencia, lo que está en el origen más reciente del Somatén.

Aquella huelga fue mucho más que un paro obrero, y, de hecho, una institución como la Caixa nació de aquel conflicto. Por primera vez, la burguesía catalana, herida en su propia dignidad, se dio cuenta de que la miseria en la que vivían miles y miles de familias era una amenaza a su bienestar, y de ahí que tras la huelga hubiera una movilización general de las viejas familias industriales barcelonesas para buscar una fórmula de previsión social capaz de atender situaciones de necesidad.

La huelga general se había iniciado el 17 de febrero, y en poco tiempo se extendió como una mancha de aceite por toda la ciudad, lo que llevó a su alcalde, Joan Amat y Sormaní, y al presidente de la Diputación, el barón de Viver, a traspasar su autoridad al capitán general de la región para restablecer el orden. Tres días después, el ejército controlaba las calles, pero continuaron los disturbios hasta al menos el día 23. La represión se saldó con una docena de muertos, cientos de heridos y un número difícil de cuantificar de detenidos. Pero también se saldó con una burguesía asustada que temía por su futuro a la vista de la fuerza que comenzaban a tener los obreros.

El barón de Viver, representante de la gran burguesía con pretensiones aristocráticas, fue, precisamente, quien en 1899 había encabezado la delegación de tribunos catalanes que acudió a Madrid para entrevistarse con Francisco Silvela y Raimundo Fernández Villaverde para pedirles un concierto económico similar al que tenían las provincias vascongadas. La paradoja está en que algunas décadas después el representante más genuino del nacionalismo catalán, Jordi Pujol, lo rechazara durante la Transición democrática, y en que algunos años después fuera el Gobierno de Madrid, en la figura de Mariano Rajoy, quien diera la negativa, ya con Artur Mas al frente de la Generalitat de Cataluña. Como se ve, un viaje de ida y vuelta.

Lo que les preocupaba a los prohombres de aquella Barcelona de principios de siglo era que la huelga fuera el inicio de una revolución a la vista del crecimiento incontestable de la afiliación sindical después de la celebración de varios congresos obreros internacionales a los que habían acudido sindicalistas españoles.

La propia UGT había nacido no en Madrid, sino en la Barcelona que por aquellas fechas celebraba la Exposición Universal de 1888, y que, en definitiva, vino a ser el símbolo de prosperidad —en torno a ese año nació el modernismo— que necesitaba la burguesía catalana para demostrar al mundo su poder tras un intenso proceso de acumulación.

Es en ese contexto en el que los presidentes de las principales entidades de Cataluña se reunieron para conjurarse y publicar en los diarios de Barcelona un manifiesto que no tiene desperdicio, y que en última instancia supuso el nacimiento de la primera entidad financiera de Cataluña. El manifiesto decía:

> La paralización de los trabajos esparciendo miserias, el desasosiego en los ánimos, la inseguridad personal, la anarquía, en fin, como medio y como objetivo provocando las colisiones que han ensangrentado las calles de nuestra ciudad, constituirán el pavoroso recuerdo de acontecimientos para nuestra riqueza ruinosos, si acaso útiles a los extraños. [...] ¡Barceloneses! sea la caridad ramo de olivo que anuncie el término de la tormenta y el comienzo del periodo de paz y concordia que para bien de todo debe regir este emporio de las artes y de la industria.

El manifiesto estaba firmado por los presidentes de la Sociedad Económica Barcelonesa de Amigos del País, del Instituto Agrícola Catalán, del Ateneo Barcelonés, de Fomento del Trabajo Nacional, de la Cámara de Comercio de Barcelona, de la Liga de Defensa Industrial y Comercial y del Círculo de la Unión Mercantil.

Es decir, el gotha de la burguesía catalana reunida por un estudioso de los seguros que respondía al nombre de Francesc Moragas i Barret, sin duda, la figura central que hizo posible el nacimiento de lo que inicialmente se llamó

Caja de Pensiones para la Vejez. El rey Alfonso XIII estuvo entre los impulsores del proyecto con un donativo personal de veinticinco mil pesetas, prácticamente la tercera parte del capital inicial.

La cuestión social, como se decía entonces, entraba en escena, y con ella una conflictividad creciente en los tajos a medida que España encaraba una nueva fase de desarrollo económico que hacía más visible los antagonismos de clase en un país poco vertebrado y con carencias fundamentales.

La irrupción de una nueva entidad financiera especializada en la gestión del ahorro y en la vejez mucho antes de que existiera un sistema público de protección social venía a ser una verdadera novedad en el panorama bancario español, especializado en socorrer financieramente al Estado para que este pudiera invertir en obra pública, lo que a la postre tejió un entramado de intereses cruzados. Algo que explica en buena medida las características genuinas de la industrialización española. Entre otras razones porque el Estado tampoco podía contar con un banco emisor con musculatura suficiente para financiar las necesidades de la Administración, lo que llevó a José Echegaray, quien como ministro de Hacienda había concedido al Banco de España el monopolio de hacer billetes, a exclamar en la exposición de motivos de aquel decreto:

> Abatido el crédito por el abuso; agotados los impuestos por vicios administrativos, esterilizada la desamortización por el momento, forzoso es acudir a otros medios

para consolidar la deuda flotante y para sostener los enormes gastos de la guerra que ha años aflige a la mayor parte de nuestras provincias.

La gran alianza: vascos y catalanes

Fue precisamente durante las dos primeras décadas del siglo XX cuando se consolidó el mapa bancario español. Y, de hecho, habría que esperar hasta finales de la centuria para observar cambios profundos. Entonces, comenzó un intenso proceso de fusiones que ha llevado a la situación actual, con una enorme concentración bancaria que ha dejado al sector, en la práctica, en manos de tres grandes entidades con una cuota de mercado conjunta sobre el ahorro de cerca del 60 %.

Lo que predominaba entonces eran los bancos vascos y madrileños —alguno creado por indianos que regresaban de América tras la pérdida de las últimas colonias— con clara vocación industrial. El caso del Banco Hispano Americano, fundado en 1900 por el vizcaíno Antonio Basagoiti Arteta tras repatriar su fortuna de México, es el más emblemático. Banesto, igualmente, nació en 1902, también con capital procedente de América, mientras que el Banco Central nació en 1919 con una clara vocación industrial.

El decano es el Santander, nacido en 1857 alrededor del puerto del mismo nombre, que era salida natural del cereal castellano destinado a la exportación, aunque hasta

1909 la familia Botín no llevó las riendas de la entidad. También el Banco Bilbao nació ese año impulsado por la Junta de Comercio de la capital vizcaína, por entonces con unos dieciocho mil habitantes. La llamada ley de bancos que aprobó el bienio progresista en 1856 está detrás de ambos nacimientos.

El personaje clave de aquel maridaje a tres entre el Estado, la banca y la incipiente industria respondía al nombre de Estanislao de Urquijo Landaluce, un alavés nacido en Murga, una pedanía del municipio de Ayala, a quien sus padres enviaron a Madrid con apenas trece años para que lo alojara su tía, algo habitual en las familias que no podían dispensar suficientes recursos a los vástagos que apuntaban maneras.

El joven alavés fue colocado en una tienda de telas en la calle Toledo, pero pronto el viejo mostrador de madera se le quedó pequeño. Con apenas diecinueve años, el pionero de los Urquijo comenzó a trabajar para Daniel Weisweiller, el hombre de los Rothschild en España, quien junto a Ignacio Bauer, un húngaro de ascendencia judía, célebre en su día por ser propietario de uno de los palacios más hermosos de Madrid, el palacio Bauer, situado en la calle ancha de San Bernardo, fue durante décadas el gran acreedor del Estado. Todavía hoy el viejo palacio se alza rocoso y arrogante frente al Ministerio de Justicia.

Eran justo los años en los que España, durante el bienio progresista, abrazó el capitalismo moderno multiplicando los bancos emisores y legalizando toda suerte de sociedades de crédito. El número de bancos pasó de cinco en 1855 a cincuenta y ocho una década después al calor de la financiación de los ferrocarriles.

Esa ley diseñó un ambicioso programa de subvenciones y permitía la concesión de líneas por noventa y nueve años sin necesidad de asegurar la totalidad del gasto de construcción. Concedía, además, privilegios para la adquisición de materiales y facilitaba la expropiación de terrenos. Sin contar el carácter expansivo que tuvo la desamortización promulgada por Pascual Madoz, cuyos padres, paradójicamente, vivían de las rentas estancadas. El padre era el encargado de la venta de la pólvora en Pamplona y la madre, la estanquera del tabaco. Pero Madoz, bajo el paraguas del general Espartero, pudo enajenar bienes de la Iglesia sin contar con la autorización de Roma. La sombra de Mendizábal, el segundo, tras Godoy, que se atrevió con una desamortización, seguía siendo alargada.

La financiación de los ferrocarriles, en particular la línea Madrid-Zaragoza-Alicante (MZA), es obra del primer Urquijo banquero, así como el control, a través de la Casa Rothschild, de emporios mineros como Riotinto, Almadén o Peñarroya, lo que le permitió, junto a sus socios, Weisweiller y Bauer, ser el empresario más influyente del segundo tercio del siglo XIX. Entre otras cosas porque estaba casi todo por hacer en un país pobre, con regiones claramente subdesarrolladas, que carecía de infraestructuras básicas. El malagueño Cánovas del Castillo solía recordar que tardó doce días en llegar a Madrid en su primer viaje a la capital.

La astucia financiera de Estanislao Urquijo era tal que se dice que tanto el general Narváez como Prim quisieron hacerle ministro de Hacienda, lo que siempre rechazó en coherencia con un viejo principio de la industria financiera todavía hoy presente: el dinero no tiene color político. Sin contar un hecho cierto: su influencia era mayor desde su actividad privada que integrándose en una Administración degradada y ciertamente corrupta que aún tardaría décadas en modernizarse mirando siempre a Francia, aunque con peores resultados. Y es que Urquijo no necesitaba un cargo público para prosperar. Durante años fue considerado el banquero del marqués de Salamanca, pero al contrario que este, nunca se arruinó. Su influencia era tal que una de las primeras legislaciones sobre sociedades financieras es obra suya.

Fue consejero del Banco de España durante un largo periodo de tiempo, aunque en realidad era más que eso. El primer Urquijo representa como nadie la fusión del poder político, los nuevos ricos que surgían al calor de la incipiente industrialización y de la expansión de la industria financiera y, por último, la salvación de las viejas familias aristocráticas que sólo podían aportar su linaje.

Urquijo, de hecho, al margen de sus negocios para la Casa Rothschild, se especializó en prestar dinero a la élite madrileña. Entre sus clientes, el duque de Osuna o el duque de Sesto, que además de tener un pasado aristocrático, también tenían por delante un futuro lleno de deudas. En el caso del segundo, tras haber financiado el golpe de

Martínez Campos a favor de la restauración de la monarquía borbónica después del sexenio progresista.

También políticos como Emilio Castelar, gran amigo suyo, o Segismundo Moret, pasaron por sus empréstitos, por lo que fue nombrado primer marqués de Urquijo por sus servicios a la Corona. Un sobrino suyo, Juan Manuel, fue quien transformó la banca en un banco, que no es un juego de palabras, sino la manifestación más clara que muestra que lo que comenzó siendo una simple sociedad de servicios financieros acabaría ocupando un papel de primer orden en la industrialización del país, principalmente en los sectores metalúrgicos y eléctrico.

A su muerte, como reza un obituario que se publicó en *El Imparcial,* por entonces uno de los periódicos de referencia, se le recordó como aquel muchacho de la tierra de Ayala apenas instruido con las primeras letras que acabó teniendo conocimientos financieros tan sólidos que «todas las sociedades de crédito lo buscaron a porfía», incluidos, por supuesto, los gobiernos.

El Banco Urquijo, cuna de banqueros, se constituyó el 1 de enero de 1918 y en su expansión territorial tuvo mucho que ver su alianza con los empresarios catalanes, cuyos excedentes a causa de la neutralidad de España en la Gran Guerra y a las barreras proteccionistas no dejaban de crecer.

La entrada del empresario catalán Luis Alfonso Sedó como miembro de su consejo de administración era una señal diáfana de que se estaba fraguando un pacto de clase de origen territorial que a la postre sería una de las señas de identidad del modelo clientelar que ha configurado el capitalismo español a lo largo de los siglos XX y XXI. Una especie de pinza al Estado débil y paliducho que durante muchos años ha funcionado con notables resultados, tanto en las dictaduras como en la democracia. De hecho, incluso hoy, no se entiende la política española sin la influencia parlamentaria de vascos y catalanes, constituidos como verdaderos grupos de presión.

Sedó, abogado, como tantos otros, había sido presidente de Fomento del Trabajo Nacional, la patronal catalana, y, sobre todo, había sido hombre clave en el desarrollo de la industria algodonera en Cataluña. Senador durante muchas legislaturas, puede considerarse el delfín de Cambó para temas bancarios, con quien compartía ideología a través de la Lliga Regionalista. Fue nombrado gobernador del Banco de España durante la tramitación de la Ley de Supervisión Bancaria de 1921, que ante la inminente caducidad del privilegio de emitir dinero por parte del Banco de España en régimen de monopolio, puso las bases de lo que sería el sistema financiero a lo largo de las siguientes décadas. En particular, en todo lo relacionado con el desarrollo de la banca privada. El impulsor de aquella ley, el propio Cambó, dejó muy claro lo que pretendía cuando presentó en el Congreso el proyecto de ley:

—Vamos a crear la aristocracia bancaria.

No era ninguna provocación. En 1929, al comienzo de la Gran Depresión, y cuando el mundo entró en la ciénaga económica de la que no saldría hasta muchos años después, de los diecinueve consejeros del Banco de España, diez miembros, más de la mitad, tenían algún título nobiliario, lo que da idea de la capacidad de presión de lo que hoy se llamarían grupos de interés.

En aquella época, el Urquijo era el primero de los seis grandes bancos en cuanto a miembros de los consejos de administración de las principales sociedades —cotizadas o no— y el tercero en cuanto a depósitos, lo que refleja la importancia de tejer una alianza con el poder político. En particular, con los dirigentes de la próspera Cataluña de aquellos años, que marcaba, junto a lo que es hoy el País Vasco, el desarrollo industrial del país. Y para ello se necesitaba un marco financiero propicio para sus intereses.

Se ha estimado que si en 1922 los quince mayores bancos del país representaban el 69 % de los depósitos totales, en 1934 su participación se había incrementado hasta el 77 %. Los seis primeros bancos —Hispano Americano, Urquijo, Español de Crédito, Bilbao, Vizcaya y Central— suponían, en 1922, el 48 % del total de depósitos bancarios y en 1934, nada menos que el 64 %. El proceso de concentración bancaria había comenzado.

Duelo de titanes: Cambó contra Juan March

Muy al contrario que los Urquijo, Francesc Cambó no fue un banquero al uso. Nunca presidió un consejo de administración de ninguna gran entidad financiera, aunque sí una compañía industrial, la célebre CHADE (Compañía

Hispano Alemana de Electricidad), conocida por ser durante muchos años el mayor caso de corrupción en Argentina mediante pago de importantes sumas de dinero bajo cuerda a funcionarios y periodistas para que se publicara lo que querían los gestores de la mayor inversión de España en el extranjero.

La elección de Cambó para presidir CHADE fue en realidad una tapadera, ya que pendía sobre la empresa, de origen germano, una amenaza de incautación por su participación en la Gran Guerra, por lo que se hizo una operación fraudulenta en un país neutral: España. Aunque la participación hispana era minoritaria, Cambó fue elegido —tras la muerte del marqués de Comillas— por su prestigio como ministro de Fomento, pero también por su extraordinaria red de contactos. Algo esencial para la compañía eléctrica más grande de Latinoamérica. La operación le hizo rico y le reportó una fértil agenda internacional que supo administrar.

En sus tiempos de vino y rosas, a bordo de su lujoso yate Catalonia, que había comprado tras cerrar con éxito la operación CHADE, y mientras navegaba por el mar Báltico, fue donde Cambó se enteró del desastre de Annual en el verano de 1921, lo que le obligó a volver a España para atender una llamada del rey Alfonso XIII, decidido a hacerle ministro de Hacienda en el Gobierno de Antonio Maura.

Pese a su pasado como conspirador contra la ley de Santiago Alba que quería aumentar los ingresos del Estado, Cambó, como cualquier otro dirigente político, era consciente de que el mayor problema que tenía el país era la guerra de Marruecos, que había dejado exhaustas las arcas públicas. Convencido de que había que cerrar una de las principales vías de agua, el contrabando de tabaco, que dañaba los ingresos de la Compañía Arrendataria, declaró la guerra a quien estaba detrás del fraude, Juan March, a quien ya conocía por sus relaciones personales en la Banca Arnús, una entidad fundada a mediados del siglo XIX especializada en el corretaje de algodón.

Lo que argumentaba Cambó es que el contrabando ya no era una manera de buscarse la vida a pequeña escala, lo que podría ser hasta aceptable, sino que había puesto contra las cuerdas la propia recaudación del Estado, lo que hizo que toda la prensa se hiciera eco de la guerra declarada entre dos personajes que estaban en boca de todos.

Una investigación interna del subsecretario de Hacienda, José Bertrán y Musitu, reorganizador del Somatén, llegó a descubrir que March había llegado a acuerdos con funcionarios públicos y carabineros para asegurarles una remuneración en caso de que fuera descubierta su participación en el contrabando, lo que hizo sonar todas las alarmas. Lo que decidió Cambó fue despojar a los carabineros del control de aduanas, al tiempo que trasladó la competencia al cuerpo de Marina, que a regañadientes aceptó el traspaso.

La estrategia tuvo éxito y pocas semanas después se sucedieron las aprehensiones de alijos de tabaco de contrabando, lo que aumentó el prestigio del ministro de

Hacienda y hundió a March. Pero sólo durante un tiempo. El mallorquín, lejos de apagarse, resucitó años después, y el propio Cambó, ya en 1934, confesó en una entrevista:

> El asunto March ha sido el más escandaloso que ha habido en el mundo, porque durante once años el señor March ha tenido a su disposición a los presidentes del Consejo y a los ministros, y ha mandado en España; destituía gobiernos a su antojo y su influencia llegaba al Parlamento.

El enfrentamiento entre Cambó y March nunca se apagó del todo. Otra de sus batallas fue a cuenta, precisamente, de CHADE. El empresario mallorquín, ya en los primeros años de la dictadura franquista, logró la disolución de la compañía y se quedó por un precio insignificante la mítica Barcelona Traction, más conocida como La Canadiense, origen de lo que acabaría llamándose Fecsa (Fuerzas Eléctricas de Cataluña), germen de la actual Endesa. Está acreditado que en 1931 Cambó recibió de la Barcelona Traction, la compañía que electrificó los transportes, un cheque de cien mil pesetas, que hoy equivaldrían a medio millón de euros, para que el político catalán pudiera acabar de consolidar un grupo político nuevo ante el inminente advenimiento de la II República.

Cambó, ya durante la dictadura de Franco, siempre pensó que la hostilidad del régimen hacia él, después de los esfuerzos que había hecho para apoyarlo, procedía de que en el consejo de CHADE estaban algunos de los monárquicos que podrían conspirar contra el general, como el duque de Alba, Pablo Garnica, prohombre de Banesto, o el catalanista Joan Ventosa, que fue uno de los firmantes del llamado Manifiesto de los Veintisiete, en el que se pedía a Franco en 1943 la restauración de la monarquía.

Aquel empeño, sin embargo, era demasiado grande para un lobista con enormes ambiciones políticas pese a su resuelto respaldo al golpe del 18 de julio, y que se inició con una ayuda económica a los sublevados por valor de diez mil libras esterlinas. Cambó, igualmente, encabezó una carta de adhesión al dictador junto a otros ciento veintinueve catalanes que enviaron a Franco en octubre de 1936, además de poner a su servicio una Oficina de prensa en París. De poco o nada le sirvió.

La transformación del joven e hiperactivo político catalanista en un conservador de libro —atrás quedaron sus años revoltosos— fue fruto de aquella aventura americana de la que le salvó el propio Juan Domingo Perón ocultando un informe muy crítico con su gestión ya en los años cuarenta. En el consejo de administración de CHADE, hay que decirlo, estaban todos los grandes bancos españoles junto con la representación de inversores extranjeros: el conde de Gamazo, el marqués de Urquijo, el de Aldama, el conde de los Gaitanes o Gonzalo Arnús, heredero de una saga de banqueros catalanes y estrecho colaborador del líder político catalán.

Pese a no ser banquero, sin embargo, pocos políticos han tenido tanta influencia sobre el sistema bancario como el catalán Cambó a través de lo que se llamó oficialmente Ley de Ordenación Bancaria, que estuvo vigente en muchos aspectos hasta 1994, pese a que por medio pasaron dos dictaduras, una república y varias décadas de democracia.

Para tumbar la Ley Cambó fue necesario que se cumpliera una de las obligaciones contraídas por España con la Unión Europea: conceder autonomía real al Banco de España frente al poder político y frente a los propios bancos privados. Todavía en los años ochenta y noventa del siglo pasado los siete banqueros más importantes del país se reunían a hurtadillas en el madrileño edificio de las cariátides, entonces sede del Banco Central y hoy del Instituto Cervantes, para conspirar, en el sentido laico y económico del término, contra el poder político y establecer las reglas de juego del sistema financiero.

Aquellos encuentros, en los que Alfonso Escámez, presidente del Central, ejercía como anfitrión, y tras el fin del franquismo, venían a recuperar de alguna manera los orígenes del capitalismo financiero español, construido en torno a la vieja nobleza arruinada, pero todavía con ascendencia social por su proximidad a la Corona.

Claudio Sánchez Albornoz recuerda en alguno de sus libros que cuando en 1856 los hermanos Pereire —los grandes rivales de la familia Rothschild en España— fundan el Crédito Mobiliario, una institución básica en el primer desarrollo industrial del país, incluyen en el consejo de administración a los duques de Alba y de Rivas, como años después harían las nuevas entidades financieras cuando se crea la banca moderna. La costumbre perduró durante décadas.

Nadie ha representado mejor a la burguesía catalana en Madrid como Cambó, el político regionalista, cuya influencia sobre la Corona fue creciendo en paralelo a la intensidad del autogobierno de Cataluña. Su estela, de hecho, ha llegado hasta nuestros días.

El modelo tuvo tanto éxito que incluso en democracia la capacidad de penetración de la burguesía catalana se ha articulado en torno a Convergència i Unió hasta que la coalición nacionalista saltó por los aires. La presión sobre el poder central tiene hoy, incluso, un carácter más territorial que ideológico.

No deja de ser una ironía de la historia que el líder de Unió, Josep Antoni Duran i Lleida optara por alojarse de forma estable en el Palace durante sus largos años de estancia en Madrid como diputado y portavoz de la coalición. Precisamente, el hotel donde Cambó había celebrado el cónclave contra Santiago Alba, el ministro castellano que quería poner impuestos sobre los beneficios extraordinarios logrados durante la Gran Guerra y que terminó siendo su gran adversario político, aunque en ocasiones también aliado.

Cambó, el carismático líder del catalanismo político, había nacido en Vergés, en el bajo Ampurdán, en el seno de una familia con raíces carlistas y una de sus mayores aportaciones fue unir los intereses de los empresarios catalanes y vascos frente a Madrid. La otra gran aportación, fallida, fue intentar hacer compatible la autonomía de Cataluña con la unidad de España, lo que le llevó a exclamar a Niceto Alcalá Zamora, posteriormente presidente de la II República, durante un debate parlamentario:

—Tiene usted que escoger entre ser Bolívar en Cataluña o Bismarck en España.

Esa alianza territorial frente a Madrid de los dos polos industriales de España, pese a que Málaga había sido la cuna de la primera industrialización junto con Barcelona, ya se había manifestado en la reunión del hotel Palace. Y, posteriormente, se materializó mediante un pacto de sangre, si se puede hablar así, entre el propio Cambó y Ramón de la Sota, el patriarca de los navieros vizcaínos, también nacionalista moderado.

La alianza de clase entre vascos y catalanes no era ninguna baladronada ni una fanfarronada para ganar influencia en Madrid. Era simplemente la constatación de que el proceso de acumulación iniciado con la Gran Guerra había dado sus frutos y hoy estaban en condiciones de alterar la correlación de fuerzas entre la Corona, un sistema político ciertamente decadente, y una emergente aristocracia económica, como la que había vaticinado Cambó cuando nació la ley bancaria, capaz de mover los cimientos de la economía.

Tan sólo entre 1916 y 1920 la banca dobló el número de sucursales, mientras que nació una potente industria eléctrica capaz de alumbrar amplias zonas del territorio que no había conocido otra cosa que la oscuridad.

También comenzaron a operar las actividades con motores fabricados por la Hispano-Suiza, fundada en Barcelona por dos empresarios españoles y un ingeniero helvético.

Al mismo tiempo, la caída en picado de la importación de hulla a causa de la guerra incrementó los precios interiores, lo que animó a la búsqueda de nuevos yacimientos de carbón para atender la demanda nacional. Los nuevos yacimientos beneficiaron al norte de España en detrimento de la fabril Málaga, que no contaba con las redes de transportes necesarias para llevar el carbón del norte a las siderúrgicas del sur, lo que a la larga provocó su decadencia.

El carbón asturiano, que hasta entonces era poco competitivo, dejó de serlo, y eso explica el nacimiento de compañías como Duro-Felguera, que en pocos años multiplicó por ocho sus beneficios. La agricultura, por su parte, vivió un tiempo de esplendor y la producción creció cerca de un 30 % en los años de la Gran Guerra. En buena parte, por el incremento de las exportaciones.

Y si a todo eso se le une un mercado interior cerrado a cal y canto, no puede extrañar que aquellos años se hayan considerado claves para el desarrollo económico español, con el nacimiento de una nueva clase emergente con enorme capacidad para influir sobre las decisiones de un Estado débil, burocratizado y con altas dosis de corrupción que todavía no se había recuperado del fin del imperio.

La desgracia fue que ese proceso de acumulación apenas se tradujo en nuevos ingresos para el Estado debido al ineficiente sistema fiscal, lo que en la práctica significó pocas inversiones públicas en aras de mejorar el equipamiento industrial, tecnológico y educativo del país.

Los altos niveles de protección condujeron a que la industria algodonera catalana no produjese de acuerdo a su ventaja comparativa y tratase de producir bienes excesivamente sofisticados para las habilidades de su fuerza de trabajo. Básicamente, a causa del mal uso de la tecnología y por la utilización intensiva de capital y trabajo, lo que la hacía menos eficiente que Inglaterra o Francia, pero, aun así, obtenían pingües beneficios gracias a tener reservado el mercado interior. Era, por decirlo de una manera simple, una ineficiencia sufragada por las leyes del Estado.

El gran lobby industrial

Más eficiente era, sin duda, la capacidad de los industriales vascos y catalanes a la hora de influir políticamente en Madrid, y el propio De la Sota se lo agradeció a Cambó organizando un homenaje multitudinario en el elegante Real Club Marítimo del Abra, que acaba de cumplir ciento veinticinco años, donde se reunían —y todavía hoy lo hacen, aunque con menos prestancia económica y política— las fuerzas vivas bilbaínas.

Aquel homenaje provocó una respuesta airada de parte de la prensa madrileña, que acusaba a vascos y catalanes de «insolidarios». A la cabeza de ellos, el periodista

Wenceslao Fernández Flórez para quien aquel contubernio fue una reunión de «millonarios bilbaínos».

Fernández Flórez, una de las plumas mejor afiladas del periodismo parlamentario de la época, llegó a escribir un artículo denominado «El Arancel» en el que sostenía con toda la socarronería del mundo que la llamada «industria nacional» no era más que una industria «agarrada a los maternales faldones de las casacas de los ministros. Se cría débil, raquítica, caprichosa y llorona», y como colofón habla del capitalismo hispano como si se tratara de un niño mimado que no está en condiciones de andar solo sin la ayuda protectora del Estado.

Se había cumplido una vez más lo que es una constante en la historia de España: los sucesivos gobiernos, unos más y otros menos, dependiendo del momento histórico, caían prisioneros de los grupos de presión renunciando a defender los intereses generales del país. No sólo se beneficiaba a las empresas con capacidad de influencia en lo que hoy se llamarían los poderes públicos, sino que además se expulsaba del mercado a nuevos operadores que hubieran podido modernizar la economía del país, además de ofrecer bienes y servicios a mejor precio.

Uno de los casos más emblemáticos, y que revela la forma de operar de los grupos de presión, se produjo durante la dictadura de Primo de Rivera, respaldada inicialmente sin ambages por la burguesía bilbaína para aprovechar la nueva situación política en favor de sus intereses.

En septiembre de 1923, un grupo de empresarios vascos, capitaneados por los patrones del Bilbao y del Banco de Vizcaya, había acudido a ver al dictador para pedirle que las contratas de obras públicas, históricamente una de las fuentes de corrupción, se hicieran a favor de las industrias nacionales. Meses después, sin embargo, el Directorio anunció que el capital extranjero le había hecho llegar su interés por invertir en España en sectores esenciales para el Estado, en particular el ferrocarril —líneas Madrid-Valencia y Santander-Mediterráneo—, y en la floreciente industria hidroeléctrica.

Aquello debió resultar demasiado para la burguesía vasca y catalana y fruto de ello nació la Federación de Industrias Nacionales con el objetivo declarado de impedir que el capital extranjero tratara a España como si fuera una «colonia». Entre sus impulsores: el duque del Infantado, los marqueses de Comillas, el de Urquijo, los vascos De la Sota y Horacio Echevarrieta o César de la Mora, emparentado con los Gamazo.

La Federación logró algunos hitos importantes, en particular protegiendo a la industria siderúrgica y ferroviaria. Asimismo, logró jugosos beneficios con la creación de la Sociedad Constructora de Obras Públicas, que fue el eje fundamental de la política económica del Directorio. El industrial vizcaíno Ramón de la Sota, propietario del histórico astillero Euskalduna, fue uno de los más beneficiados. Quedaba clara la debilidad del Estado frente a poderosas élites económicas que rechazaban, además de toda reforma fiscal en profundidad, la apertura del país al capital extranjero por miedo a perder sus privilegios. Algo que puede explicar que muchos hayan hablado de un capitalismo estamental para explicar los años de atraso económico.

Aquel artículo periodístico de Fernández Flórez es particularmente importante porque alza la voz contra el cruce de intereses entre la banca, la industria y el poder político, que en última instancia llegó a convertirse en un pacto de honor a través del instrumento más clásico del proteccionismo: el arancel, que históricamente ha sido la principal barrera de entrada al mercado interior.

El llamado Arancel Cambó, aprobado en 1922, estaba ya muy avanzado por los funcionarios de Hacienda cuando Antonio Maura encargó al líder del catalanismo conservador llevar las riendas del ministerio por insistencia del rey. Y en contra de lo que suele creerse, no fue únicamente un instrumento para salvar a la industria nacional dejando en clara desventaja a la agricultura, donde los intereses de las élites eran menores, salvo en Castilla por la influencia de Germán Gamazo, sino una forma de competir con el neoproteccionismo en Europa, y que en el periodo de entreguerras nunca dejó de crecer. También por parte de países con larga tradición liberal, como Estados Unidos o Inglaterra, como el propio Cambó recordó en la intervención que tuvo en el Congreso para defender su arancel.

> Saben muchos señores diputados lo que acaba de hacer Inglaterra, país que no acostumbraba a acudir a tales procedimientos, para fomentar la exportación de su siderurgia y de su industria textil —les dijó Cambó—:

dumping, que es algo que se produce en todas partes, y es preciso que el Gobierno español esté autorizado [...] para poder acudir a la defensa de la producción nacional.

Cánovas del Castillo, el gran referente del conservadurismo español, siempre con su sentido de Estado, ya lo había manifestado sin tapujos en un opúsculo anterior, que con toda franqueza tituló: «De cómo he venido yo a ser doctrinalmente proteccionista», donde recogía una frase del francés Michel Chevalier, antiguo sansimoniano, quien solía cortar las conversaciones sobre librecambismo con una frase redonda:

—Caballero, no dejaré de ser nunca proteccionista porque soy patriota.

A partir de este argumento, lo relevante era acceder a los entresijos del poder político, aunque con una particularidad. Los intereses de los patrones vascos y catalanes chocaban entre sí en ocasiones, y de ahí nació una competencia, a veces muy agria, por atraerse a Madrid, donde en definitiva estaba el poder de cambiar las leyes o dejarlas como estuvieran. La corte, de alguna manera, actuaba de árbitro entre unos y otros. Obviamente, en función de la capacidad de presión de los distintos intereses empresariales, que obviamente fue cambiando con el tiempo.

Una de esas ocasiones se produjo tras el nombramiento del inquieto Cambó como ministro de Hacienda. Desde allí, y a la vista de lo que observaba sobre la situación de las cuentas públicas, intentó establecer una contribución sobre los beneficios —ironías del destino que necesariamente le debieron recordar a lo que sucedió en el hotel Palace unos años antes— que pagarían las diputaciones vascas, que lo consideraron un ataque contra el Concierto, rescatado, precisamente, por un conservador, Antonio Cánovas del Castillo, tras la última guerra carlista, en aras de atraerse a la floreciente burguesía vizcaína y de consolidar la monarquía.

Inglaterra había sido el primer país del mundo que había arrumbado los aranceles en el marco, paradójicamente, de la revolución conservadora, que es la que introdujo lo que hoy llamamos impuestos sobre la renta, y que permitía al Estado recaudar y, al mismo tiempo, poder exportar, lo que favorecía al país. Es decir, se cambiaba un ingreso por otro, que es lo que de alguna manera pretendía el líder catalanista. No lo consiguió. Las arcas públicas seguirían tiritando.

4
El amigo americano

El profesor Leandro Prados de la Escosura, probablemente uno de los historiadores económicos que mejor conocen la evolución del PIB de España en los últimos doscientos años —sus series largas, que se inician en el siglo XIII, se han convertido en un clásico—, ha observado tres causas del atraso económico español.

En primer lugar, la ausencia de competencia, lo que creó una economía con clara tendencia a la autarquía al calor de una arquitectura institucional que favorecía la captura de lo que hoy se llamaría el regulador por parte de las élites extractivas.

Un editorial publicado en el *Faro de Vigo* a finales del XIX lo explicaba con una claridad imbatible. «En tiempos de los liberales —sostenía el rotativo gallego—, los jueces municipales son liberales, y cuando mandan los conservadores, los jueces municipales son conservadores». En una palabra, el célebre turnismo que incluía la existencia de mercados cautivos vinculados al control del poder, contra el que se rebelaron los reformistas. Y que tuvo su ejemplo más emblemático en el artículo 29 de la ley electoral de 1907, que permitía acceder a la condición de diputado sin pasar por las urnas en el caso de que el número de candidatos fuese menor que el de vacantes.

La segunda razón tiene que ver con una vieja tradición: la concesión de subsidios con fines clientelares sin tener en cuenta la eficiencia económica. Unos subsidios que buscaban más ampliar la red de protegidos por el sistema político que disponer de un incentivo para generar actividad económica o, incluso, paliar situaciones de necesidad. Y, en tercer lugar, a causa de lo que Prados de la Escosura llama el «amiguismo», que es una versión *light* de lo que en un lenguaje coloquial llamaríamos corrupción. El amiguismo es un concepto jurídicamente confuso que se encuentra a medio camino entre el tráfico de influencias y la solidaridad mal entendida, lo que le hace especialmente atractivo para burlar o pervertir las normas.

Los datos, sin duda, aportan materia orgánica al razonamiento. Y para demostrar el escaso rigor con el que se han analizado las necesidades reales de la economía sólo hay que tener en cuenta que hasta 1958, aunque parezca mentira, el país no pudo disponer de una estimación creíble sobre cuánto había crecido el PIB, que es la medida convencional más utilizada para evaluar el comportamiento de una economía en un periodo determinado, normalmente un año o un trimestre. Es más, incluso para conocer la evolución del valor añadido bruto de la agricultura en un país eminentemente agrícola hasta los años sesenta y setenta del siglo pasado, fueron necesarios cálculos independientes a la vista del desprecio por los números y el análisis científico que ha caracterizado históricamente a este país.

El llamado Consejo de Economía Nacional, en 1944, fue el primero que se puso manos a la obra, pero habría que esperar hasta 1972 —ya en el ocaso del franquismo y en plena hegemonía de los tecnócratas del régimen— para encontrar una revisión oficial en profundidad de aquellos datos iniciales sobre la evolución del PIB, que, por cierto, estaban profundamente errados.

Cuando España se adhirió a la OCDE, en 1961, el club que reúne a los países ricos del planeta, fue la propia organización quien no admitió los datos enviados por los funcionarios del Gobierno porque estaban tan sesgados en favor del régimen que no había razones para confiar en ellos. Como cuenta un alto funcionario que aquellos días estaba destinado en París, sede de la organización, hubo que esperar hasta mediados de los años sesenta para que la OCDE los admitiera a la vista de que el organismo encargado empezaba a ser el Instituto Nacional de Estadística (INE) y no un mero apéndice del Gobierno de turno. No es que el INE fuera un ente ajeno al sistema libre de toda sospecha en plena dictadura, pero al menos sus estadísticos facultativos sabían hacer su trabajo.

A los gobiernos de la OCDE, en todo caso, lo que les importaba era la presencia de España en la organización a la vista de que quien aspiraba a ingresar era un país que sin huelgas ni sindicatos libres ofrecía estabilidad política a través de la dictadura, además de seguridad jurídica y mano de obra barata, lo que facilitó la entrada masiva de capital extranjero, principalmente en mercados muy competitivos como el automóvil.

El camino había sido allanado por un contrato de conveniencia firmado en 1953 entre Madrid y Washington cuyo objetivo último era doble: permitir la importación de bienes indispensables, que es lo que buscaba el régimen para salir del colapso económico, y, por parte estadounidense, en medio de la guerra fría con la Unión Soviética, influir en la política de apertura del país a través de sus multinacionales.

Este es, en realidad, el cambio estratégico que sufrió España y que rompería una tradición histórica. Si hasta los años cincuenta la capacidad de presión de los grupos industriales y financieros correspondía a empresas españolas bien conectadas con el régimen, de forma casi hegemónica catalanas y vascas, los pactos con Estados Unidos liquidan el *statu quo* y a partir de ahí compañías foráneas son las que van desplazando a las nacionales en sectores clave. En particular, las americanas, que no sólo arrinconaron a las españolas vendiendo, sobre todo, bienes de equipo o de consumo, sino también a las europeas.

No hay que olvidar que el candado que impuso Franco a la inversión extranjera tuvo efectos devastadores sobre las relaciones exteriores anteriores a 1939. Se frenó en seco la llegada de nuevo capital extranjero, y los aliados pusieron a España en la lista negra. Multinacionales que se habían establecido en nuestro país desde comienzos del siglo XX, como Pirelli, Westinghouse, General Electric o Tudor fueron borradas del mapa por el aislamiento, y sólo los acuerdos de 1953 con Estados Unidos permitieron volver, en un principio de forma tímida, debido a que persistían restricciones, y posteriormente de forma acelerada, al escenario anterior.

Aquel pacto puede llamarse de conveniencia habida cuenta de que nunca alcanzó la categoría jurídica de un tratado internacional por el que España, a cambio de ceder suelo para la instalación de cuatro bases militares, recibiría una copiosa ayuda económica, y lo que era mucho más relevante, el reconocimiento internacional de la gran potencia surgida tras la Segunda Guerra Mundial.

Ya desde 1947, al comienzo de la guerra fría, Estados Unidos había puesto los ojos en España por su situación geoestratégica. En particular, por la importancia del estrecho de Gibraltar, que aún hoy es un paso obligado para la Sexta Flota, la unidad operacional de las fuerzas navales de Estados Unidos en Europa.

En contra del aislamiento de España, y como medida de aproximación a la dictadura, la Administración Truman llegó a utilizar sus excedentes para colocar ochenta y seis millones de libras de patatas, alrededor de cuarenta millones de kilogramos, destinadas a sofocar el racionamiento al que se veían obligados a soportar los españoles desde el final de la guerra civil. Igualmente, se concedió un crédito por sesenta y dos millones y medio de dólares de la época. En definitiva, divisas que necesitaba el régimen para financiar las compras en el exterior.

Era un cambio radical a la luz de la manifiesta animadversión pública que sentía Truman por el general Franco, y que tiempo atrás se había puesto de relieve en la Conferencia de Potsdam, celebrada durante el verano de 1945, donde el propio presidente de Estados Unidos, Stalin y Churchill habían suscrito un comunicado que no deja lugar a dudas:

> Los tres Gobiernos creen su deber señalar que no darán, en lo que les concierne, su apoyo a una solicitud de admisión [al sistema de Naciones Unidas] que sea presentada por el actual Gobierno español, el cual, habiendo sido establecido con el apoyo de las potencias del Eje, no posee, en razón de sus orígenes, de su naturaleza, de sus antecedentes y de su estrecha asociación con los Estados agresores, los títulos necesarios para justificar su admisión.

Esta posición sin ambages de los aliados sobre España se sustanciará en diciembre de 1946 en Naciones Unidas, donde el régimen de Franco se consideró ya formalmente un paria en el escenario internacional. La resolución 39 (I) decía:

> Convencida de que el Gobierno fascista de Franco en España, fue impuesto al pueblo español por la fuerza con la ayuda de las potencias del Eje y a las cuales dio

ayuda material durante la guerra, no representa al pueblo español, y que por su continuo dominio de España está haciendo imposible la participación en asuntos internacionales del pueblo español con los pueblos de las Naciones Unidas; recomienda que se excluya al Gobierno español de Franco como miembro de los organismos internacionales establecidos por las Naciones Unidas o que tengan nexos con ellas, y de la participación en conferencias u otras actividades que puedan ser emprendidas por las Naciones Unidas o por estos organismos, hasta que se instaure en España un gobierno nuevo y aceptable.

Ni hubo Gobierno nuevo ni se instauró la democracia. Pero lo cierto, por el contrario, es que en vista del avance comunista en Asia —en 1950 comenzaría la guerra de Corea— Estados Unidos necesitaba ya un aliado en el sur de Europa. Y nadie mejor que un régimen entregado y con una población exhausta de tanta miseria, lo que le permitía negociar desde posiciones de fuerza. La Administración Truman, de hecho, no votó a favor de la resolución, lo que le dejó manos libres para empezar a negociar con Franco apenas unos meses después de la salida de Carlton Hayes como embajador, cuyo papel más relevante fue convertir a la dictadura en el aliado silencioso de Washington durante la guerra.

Franco, de hecho, nunca le hizo ascos a la democracia liberal más representativa. Durante la guerra, el bando nacional recibió fondos de las multinacionales Texaco,

Standard Oil, General Motors y la británica Riotinto. La dictadura no sólo devolvió lo prestado con intereses, sino que concedió honores a sus financiadores. En 1954, el presidente de Texaco fue reconocido con la Gran Cruz de Isabel la Católica por el petróleo suministrado durante la guerra.

Un embajador llamado Coca-Cola

Puede parecer anecdótico, pero no lo es. Lo cierto es que a modo de aperitivo el Departamento de Comercio de Estados Unidos permitió a Coca-Cola introducirse en España incluso antes de la firma de los pactos de Madrid. Aunque la bebida refrescante ya se vendía durante los años treinta en los establecimientos más selectos de Madrid, todavía no había alcanzado un consumo popular.

El 31 de marzo de 1953 fue la fecha clave. Ese día, pocos meses antes de la firma del acuerdo entre España y Estados Unidos, salió de la fábrica de Cobega, en Barcelona, la primera botella de Coca-Cola producida en nuestro país con licencia americana.

La multinacional tiró para su introducción en España de una fábrica de refrescos creada por el empresario Santiago Daurella denominada Bebidas Carbónicas D que disponía de una importante red de distribuidores y concesionarios, que es lo que en realidad le interesaba a The Coca-Cola Company para abrir un nuevo mercado. Algunos lo han llamado la diplomacia de la Coca-Cola, primero se introduce una marca popular y de amplio consumo, como sucedió en los países del Este tras la caída del Muro de Berlín con las empresas de hamburguesas o de consumo rápido, y, posteriormente, el capital americano comienza a controlar buena parte de la estructura productiva al calor de la hegemonía cultural y el consiguiente cambio de hábitos.

La película de Billy Wilder *Un, dos, tres,* estrenada en 1961, refleja bien esa estrategia. En el film, el director, de origen austrohúngaro, narra desde una corrosiva sátira política la importancia estratégica que tenía para Estados Unidos introducir la Coca-Cola en la antigua Alemania Oriental para explotar las contradicciones del sistema comunista. Y la mejor muestra es que Washington, de hecho, se convirtió rápidamente en el principal socio comercial de España de la mano de un bufete emblemático como lo fue Garrigues durante los años cincuenta y sesenta, que canalizó la casi totalidad de la inversión de las multinacionales americanas en España. La Coca-Cola, por decirlo de alguna manera, fue la avanzadilla de la penetración estadounidense, como lo fue el plan Marshall en Europa, del que el franquismo fue excluido.

El propio despacho Garrigues cuenta con fina ironía que su liderazgo en el campo de la inversión extranjera llegó a ser tan significativo que Henry Ford II, el nieto del legendario fundador de la compañía de automóviles, creyó durante algún tiempo que en realidad Garrigues debía tratarse de una clase de impuesto español, ya que el concepto *Garrigues fee* —comisión Garrigues— figuraba en casi todas las contabilidades de las compañías norteamericanas que aterrizaron en nuestro país. Sin duda, un mercado cautivo que obviamente tuvo su importancia legislativa. Ni que decir tiene que el Boletín Oficial del Estado se adaptó a las exigencias americanas a través de la capacidad de influencia de los Garrigues, mitad empresarios, mitad políticos, como en los tiempos de la Restauración.

Además de Ford, otros clientes significativos del despacho fueron IBM, Philip Morris, Hewlett-Packard y Avon, es decir la *crème de la crème* del empresariado norteamericano en Europa en aquellos años. La operación culminó con el nombramiento de Antonio Garrigues Díaz-Cañabate como embajador de España en Washington en 1962, aunque muchos decían que en realidad era el embajador de Estados Unidos en España. Como se ve el maridaje entre los negocios y la política no era patrimonio del pasado, sino que ha recorrido la reciente historia económica de este país.

Para hacerse una idea de la importancia del crédito americano sólo hay que tener en cuenta que el promedio de autorizaciones anuales entre 1964 y 1971 superó los noventa millones de dólares de la época, lo que suponía triplicar el promedio del quinquenio anterior. En conjunto, la banca oficial norteamericana otorgó préstamos por valor de más de seiscientos treinta millones de dólares a empresas nacionales, sin contabilizar los ciento veinte millones de la época que se destinaron a la compra de material militar autorizado en 1970.

La importancia de Estados Unidos en el desarrollo de la economía española posterior a la guerra es tal que cuando se habla de crédito internacional hay que mencionar un nombre poco conocido, el Eximbank, que es la agencia estatal de Washington, una especie de banco público, que financia las exportaciones de bienes y servicios americanas, y que tuvo un papel esencial en la España franquista.

Eximbank (Export-Import Bank of the United States) ofreció a las empresas extranjeras, también a las españolas a lo largo de las décadas de 1960 y 1970, préstamos directos que cubrían el 45 % del valor del material estadounidense, además de garantías financieras para facilitar créditos de instituciones privadas por el 30-45 % adicional, junto con el pago en efectivo del 10 % que recaía en el prestatario.

Esto es importante porque al contrario de lo que sucedió en Francia o Italia, la banca española, con contadas excepciones, nunca apostó de forma decidida por la industria, sino que cuando ejercía su control lo hacía exclusivamente para ganar tamaño o encontrar un cliente, lo que no tenía nada que ver con una estrategia de desarrollo destinada a consolidar grupos industriales fuertes. Dicho en otras palabras, lo que buscaba era obtener dividendos de las compañías en las que participaba.

No sin razón, cuando en mayo de 1972 el presidente de Eximbank, Henry Kearns, llegó a España para dar una conferencia en la Cámara de Comercio de Madrid la quiso titular: «España, el cliente del billón de dólares»

—en el sentido americano del término: mil millones de dólares—.

El republicano Kearns recordó que hasta ese año el banco había autorizado préstamos a España por tanto dinero como lo había hecho para Canadá o México en toda su historia, sus dos vecinos y socios comerciales naturales. De hecho, sólo en los cinco primeros meses del año 1972 el Eximbank había autorizado apoyo financiero —directo e indirecto a través de garantías— a empresas españolas por valor de setecientos cincuenta millones de dólares, el máximo histórico hasta esa fecha.

Los mayores préstamos, sin embargo, estaban aún por llegar. Detrás de la visita de Kearns estaba la financiación del muy ambicioso programa nuclear del franquismo. Entre octubre de 1971 y septiembre de 1973, el Gobierno autorizó nada menos que diez proyectos nucleares. Dos años después, se autorizaron ocho más. Todos ellos, como ha acreditado el Banco de España con información obtenida de sus archivos, obtendrían ofertas de financiación del banco público estadounidense. Por si esto no fuera poco, algunas autorizaciones del Consejo de Ministros llegaron, incluso, después de que se hubieran acordado los préstamos con los bancos norteamericanos.

En definitiva, un fabuloso negocio financiero que al final se saldó con un fuerte endeudamiento del Estado español a causa de las disparatadas cifras de demanda eléctrica que preveía el franquismo, que quedaron rápidamente obsoletas tras el *shock* petrolífero de 1973 y el consiguiente frenazo a la actividad económica. Se ha estimado que el coste de la moratoria nuclear para el sector público —en última instancia los contribuyentes— se ha situado en cinco mil setecientos diecisiete millones de euros en valor de hace una veintena de años.

Aquel pacto, que iniciaba la relación más estable con un país extranjero de la moderna historia de España, suscitó, sin embargo, una enorme polvareda internacional, en especial en Inglaterra y Francia, donde se consideró que el acuerdo segaba la autoridad moral del bloque occidental ganador de la guerra.

También causó revuelo entre los liberales estadounidenses, los demócratas españoles y quienes fueron obligados a exiliarse, que no podían entender que se extendiera un salvoconducto a un régimen asfixiado y muy cerca del colapso. Los Pactos de Madrid, de hecho, nunca alcanzaron el rango de Tratado internacional toda vez que se optó porque los firmantes fueran el ministro español de Exteriores, Martín-Artajo, y el embajador estadounidense, Clement Dunn, para así evitar una discusión en el Senado de Estados Unidos, que muy probablemente hubiera rechazado aliviar a un antiguo aliado de Hitler.

Para Franco significó, en cualquier caso, un enorme triunfo político porque la Casa Blanca miró hacia otro lado y lejos de exigir la apertura del régimen, sólo buscó su propio interés económico, aunque bien es verdad que el desarrollismo, a la larga, creó una nueva clase media que finalmente propició las condiciones objetivas para la restauración de la democracia. Con ese aval, España entró en Naciones Unidas en 1955 y la dictadura pudo sentirse más segura con las tropas de Estados Unidos instaladas en su suelo.

Los Pactos de Madrid, y esto es lo relevante, tuvieron una importancia estratégica para la economía toda vez que representaron el principio del fin de la autarquía, lo que hizo posible el ingreso posterior de España en los organismos que surgieron de Bretton Woods. Por un lado, el Banco Mundial, clave en la financiación de las economías subdesarrolladas, y, por otro, el Fondo Monetario Internacional. De hecho, Estados Unidos se convirtió en el principal socio económico y comercial de España durante los años cincuenta y sesenta, desplazando a Inglaterra, Alemania y Francia, que nunca dejaron de hacer negocios con la dictadura. Sin duda, por las mismas razones que permitieron a España ingresar en la arquitectura financiera internacional: estabilidad política, nula o casi nula conflictividad laboral, bajos salarios y un anticomunismo feroz.

Hay una lección de todo esto. Si hasta la dictadura, con la salvedad de la II República, eran los grupos de presión quienes habían condicionado de forma determinante la política económica de los gobiernos de la Restauración o, incluso, durante la época de Primo de Rivera, ahora era Washington quien ejercía una influencia poderosa sobre el país. Tan poderosa que España acabó siendo uno de sus mejores socios comerciales, lo que en términos históricos era una gran novedad.

La súbita conversión al nuevo régimen

El caramelo de la penetración de Estados Unidos en España tras la guerra había sido la Coca-Cola, además del cine americano, que comenzó a colonizar las pantallas españolas en un tiempo en que el séptimo arte, junto con la radio y el teatro, eran la única oferta de entretenimiento a falta de la televisión, que no llegaría, y de forma muy minoritaria, hasta octubre de 1956. España, incluso, se convirtió en un lugar estratégico de los rodajes estadounidenses dando al mundo una visión moderna del país por la llegada de celebridades de Hollywood.

La elección de Santiago Daurella como introductor de la Coca-Cola en España es un misterio, ya que en ese momento había otros operadores en el mercado de las bebidas gaseosas, pero lo que está fuera de toda duda es que la compañía catalana contaba con la infraestructura suficiente para extender el negocio, principalmente por su penetración en el Levante español.

Daurella fue uno más de los representantes de la burguesía catalana que rápidamente emparentaron con el régimen. Su negocio original había sido el de importador de bacalao procedente de Groenlandia o las islas Feroe. Antes había presidido el Gremio de Pesca Salada. Hijo de un catedrático de metafísica de la Universidad de Barcelona, había comenzado en 1940 un negocio de elaboración de zumos que, posteriormente, amplió a las bebidas gaseosas que explotaba en régimen de franquicia. Su producto estrella fue la gaseosa Sandaru, que es el acrónimo del nombre y apellidos del fundador de la empresa.

Su vida refleja la rápida adaptación de la burguesía catalana a las nuevas circunstancias políticas, al igual que había sucedido tras el golpe de Estado de 1923, cuando los grandes capitales del Principado se pusieron inmediatamente a las órdenes de Primo de Rivera tras el golpe.

Un caso emblemático fue el de José Bertrán y Musitu, el número dos de Cambó en Hacienda y principal azote de Juan March, quien tras el 18 de julio marchó a Francia, donde tuvo un papel destacado, junto con el conde de los Andes, en la creación de un servicio de espionaje que se denominó Servicio de Información del Nordeste de España (SIFNE) y que actuó en la retaguardia republicana. Tras la victoria de Franco, volvió a Barcelona y ocupó diversos cargos en el mundo económico, además de acumular un inmenso patrimonio artístico.

El historiador Vicens Vives sostenía con razón que una de las características principales del sentimiento catalán era lo que el sabio gerundés definió como el pactismo, que era compatible con el *seny* y la *rauxa,* con la sensatez y con el arrebato, dependiendo del momento histórico. Y hay pocas dudas de que aquello fue un pacto entre la burguesía catalana que algún día había tenido tentaciones de autogobierno, y el régimen del 18 de julio.

La manifestación más clara fue que los empresarios que se habían podido trasladar a la zona nacional durante la guerra no tuvieron ningún problema para seguir operando, mientras que quienes regresaron tras la contienda rápidamente recuperaron su patrimonio, en muchas ocasiones expropiado por la República. Esto les ocurrió a los hermanos Sedó i Guichard, dueños de una de las principales fábricas textiles algodoneras, muy vinculados al Banco Urquijo Catalán.

Otros, como Eusebi Bertrand i Serra, presidente de Catalana de Gas, el origen de la actual Naturgy, fueron inicialmente depurados, en este caso acusado de estraperlo en la industria textil, aunque pronto recuperaron su papel protagonista en la reconstrucción de una Cataluña devastada, pero que volvió a contar con lo que en aquellos tiempos se llamaban capitanes de empresa. El imperio Bertrand i Serra era verdaderamente eso, un formidable conglomerado que en 1935 llegó a ser considerado la mayor empresa algodonera del mundo en manos de un solo propietario. La guerra la pasó en San Sebastián cobijado por las fuerzas franquistas que habían conquistado la ciudad.

Bertrand i Serra, como tantos y esto es algo que define al empresariado catalán frente a patrones de otros territorios que tuvieron un perfil menos público, mantuvo siempre una fuerte actividad política. De hecho, fue uno de los fundadores, junto con Prat de la Riba y Cambó, de la Lliga Regionalista, además de dirigente del Somatén, las milicias parapoliciales que vivieron su momento de esplendor durante la dictadura de Primo de Rivera. También fue diputado en Cortes por la circunscripción de

Puigcerdà entre 1907 y 1923. El desdoblamiento de Bertrand i Serra, mitad político y mitad empresario, refleja bien aquella España en la que los intereses particulares primaban sobre los generales, utilizando para ello el instrumento clásico del proteccionismo, como es el arancel, o directamente los boletines oficiales.

Lo que cambió con la dictadura franquista, sin embargo, fue que esa pulsión política de los industriales catalanes se esfumó. Obviamente, porque el Parlamento liberal fue liquidado, pero también porque cualquier tentación de influir en la cosa pública de forma directa, promoviendo un debate ideológico sobre el futuro del nuevo régimen, sería aniquilada por la dictadura. Cosa muy distinta eran los negocios. Ahí el franquismo casi nunca puso pie en pared en la medida que necesitaba del empresariado para sobrevivir.

Es más, algún prohombre del empresariado catalán, como Pere Gual Villalbí, durante muchos años secretario de Fomento del Trabajo Nacional, la patronal catalana, acabó presidiendo el Consejo de Economía Nacional, además de ser ministro sin cartera. Gual Villalbí, procedente de la Lliga, buscó fondos en el Reino Unido para Franco durante la guerra civil, lo que da idea del grado de colaboración del nacionalismo catalán con la dictadura. Nunca se llevó bien, sin embargo, con los tecnócratas del régimen, los López Rodó, Ullastres o los Navarro Rubio. Probablemente, por un problema de celos.

Otro ilustre representante de la burguesía catalana que rápidamente colaboró con el franquismo fue Miquel Mateu i Pla, hijo del fundador de Hispano-Suiza y sobrino del cardenal Enrique Plá y Deniel, eclesiástico de gran autoridad intelectual que en ocasiones se enfrentó a ministros franquistas en defensa de la autonomía de la Iglesia frente al poder político.

Mateu i Pla, profundamente conservador, fue cofundador de la Liga Anticomunista de Cataluña, y gracias a su influencia Hispano-Suiza, la empresa de coches de lujo que durante los locos años veinte brilló con luz propia en la industria europea, y que en los cuarenta era ya una ruina, fue a parar a la Empresa Nacional de Autocamiones, más conocida por su marca comercial: Pegaso. Se trató de uno de los primeros casos de socialización de pérdidas, aunque también es verdad que en plena autarquía el régimen necesitaba la experiencia industrial que por entonces sólo tenían compañías como la división de camiones de Hispano-Suiza.

Paradójicamente, lo que traería aquel acuerdo con Estados Unidos que dio alas al régimen era un nuevo orden económico. No es que España se abriera inmediatamente al exterior, y, de hecho, habría que esperar a 1959 para iniciar el camino de las liberalizaciones, sino que el régimen había entendido que la autarquía era un itinerario sin puerta de salida para un país roto y empobrecido que prácticamente había vuelto al siglo anterior en prosperidad económica.

La doble alianza de Franco —por un lado con Estados Unidos y por otro con la burguesía catalana y, en menor medida, con la vasca— consolidó a un régimen que reinaba sobre la miseria. Se ha estimado que la renta real por habitante de los españoles en 1939 había retrocedido en términos reales a los niveles de comienzos del siglo XX. Respecto de la Europa más próspera, el desplome fue tal que el PIB per cápita bajó hasta representar apenas el 42 %, veinte puntos menos que sólo unos años antes.

Esto fue así porque al estancamiento de la actividad económica que se produjo entre 1929 —la Gran Depresión— y 1935, inmediatamente antes de la guerra civil, siguió una contracción derivada de la Segunda Guerra Mundial. La débil recuperación entre 1944 y 1952 es llamativa porque el ritmo de reconstrucción de España es claramente inferior al que registra una Europa que también quedó devastada. De hecho, la economía española no alcanzó los niveles máximos de PIB previos a la guerra hasta 1951, en términos absolutos, y hasta 1955 en términos por habitante.

En Europa, por el contrario, tras la Segunda Guerra Mundial, únicamente fueron precisos seis años, por término medio, para alcanzar el máximo prebélico de ingreso por habitante, pero es que hacia 1953 todos los países de Europa occidental lo habían logrado ya. Mientras que en España el retorno al nivel del PIB de preguerra se produjo a un ritmo acumulativo del 2,7 % anual entre 1939 y 1951, en Italia, Alemania y Francia el PIB prebélico se alcanzó en todos los casos con tasas anuales superiores al 10 %. En los últimos ciento cincuenta años, España ha tendido a situarse en una posición próxima al 75 % del PIB por habitante de las principales economías europeas y en torno al 50 % de Estados Unidos, cuyo crecimiento no tiene parangón.

Hubo, sin embargo, dos momentos en clara posición de declive. En 1870 y 1900 tras la pérdida de las últimas colonias, pero, quitando esos años, España ha mantenido una posición estable en términos de riqueza relativa hasta la guerra civil, cuando literalmente se hundió. De hecho, habría que esperar a los quince años que van entre 1960 —recién aprobado el Plan de Estabilización— y 1975 —primer choque petrolífero— para recobrar la posición española en la economía internacional.

El gran salto adelante

La paradoja, precisamente, es que fuera un republicano catalán, Juan Sardà Dexeus, desde su atalaya como jefe del servicio de estudios del Banco de España, quien pilotó, desde luego en el plano intelectual, las reformas que pondrían punto y final a la autarquía y pusieran al país a bordo del tren de la modernidad —y de paso salvar a la dictadura—.

Sardà, y aquí está otra singularidad, era un estudioso de Keynes, el cerebro de la socialdemocracia que resucitó al capitalismo del colapso tras el desastre de 1929. Nada que ver con un primo suyo, el cura carlista Félix Sardà i Salvany, quien había escrito un opúsculo delirante titulado *El liberalismo es pecado,* que tuvo notable éxito en su tiempo, y en el que preguntaba con indudable aplomo:

> ¿Qué es el liberalismo? En el orden de las ideas es un conjunto de ideas falsas; en el orden de los hechos es un conjunto de hechos criminales, consecuencia práctica de aquellas ideas.

El Plan de Estabilización de 1959, precisamente, pretendía liquidar esa España rancia y anticuada que aborrecía del liberalismo como si se tratara de un castigo divino, y en el que la Iglesia jugó un papel muy relevante por su actitud conservadora ante los cambios sociales.

El origen de las reformas económicas hay que buscarlo en la llamada «Nota dirigida al Ministerio de Hacienda por el director del Servicio de Estudios del Banco de España», enviada en febrero de ese mismo año, en la que Sardà, junto con el economista francés Gabriel Ferras, director del departamento para Europa del FMI, advertía del inminente colapso de la economía y de la necesidad de abrirla al exterior.

Lo que decía la «Nota» era que había llegado el momento de unificar el tipo de cambio y su fijación a un nivel realista, lo que exigía una fuerte devaluación de la peseta y su reingreso al mercado internacional de divisas; la liberalización de una parte considerable del comercio exterior; la financiación de la inversión pública por métodos no inflacionistas; medidas de restricción del crédito bancario;

eliminación de subsidios a los precios y, por último, flexibilidad para las inversiones extranjeras.

Tiene su gracia que cuando el economista francés Gabriel Ferras, entonces alto funcionario del FMI y posteriormente directivo del Banco de Pagos Internacionales —BIS, por sus siglas en inglés—, se desplazó a España para negociar las reformas económicas eligió para hospedarse el hotel Palace, el viejo establecimiento que durante años había acogido todo tipo de conspiraciones y conjuras contra el libre mercado. El Palace, siempre el Palace, como epicentro de la vida económica y política del país. Para lo bueno y para lo malo. En esta ocasión, en dirección contraria a lo que había sido la reciente historia económica de España.

El economista Juan Sardà, un hombre clave en la modernización de España, pertenecía a la alta burguesía catalana que vivió intensamente la Renaixença, aquel periodo de modernidad catalanista que inspiró la construcción nacional, y que sólo fue posible en un contexto de increíble desarrollo económico a la luz de los avances tecnológicos —principalmente la electricidad— que propiciaron la segunda revolución industrial. Buena parte de ese catalanismo, que primero tuvo un carácter cultural y después político, se refugió en la Universidad de Barcelona, donde Sardà se matriculó en Derecho después de aprobar el bachillerato con apenas quince años.

Barcelona, por aquel tiempo, era con diferencia la ciudad más avanzada del país, y prueba de ello es que fue en la capital catalana donde se produjo la primera aplicación práctica de la electricidad gracias al farmacéutico Francesc Domènech i Maranges, quien logró iluminar su botica en 1852 tras sus experimentos sobre los electrólitos y otros componentes eléctricos. Domènech, que era también catedrático de química, logró crear un aparato compuesto de un recipiente de cristal en el que se formaba una llama por la aproximación de dos conductores y producía una intensidad lumínica impresionante para la época. Thomas Edison tardaría todavía casi treinta años en patentar la bombilla eléctrica.

El origen del interés de Juan Sardà por la economía hay que situarlo en la célebre polémica entre Cambó y Calvo Sotelo sobre la paridad de la peseta. Calvo Sotelo, en plena euforia por la bonanza económica que disfrutó la dictadura de Primo de Rivera durante la Primera Guerra Mundial —las reservas de oro del Banco de España llegaron a aumentar en mil seiscientos millones de pesetas de la época—, quería vincularla al patrón oro, como Churchill, pero Cambó, siempre al servicio de los industriales catalanes como una especie de conseguidor, se opuso, produciendo una de las polémicas más agrias de la época. Al final fue una orden ministerial dictada en enero de 1929 la que zanjó la cuestión del patrón oro dando un portazo a la descabellada idea del economista Flores de Lemus, precisamente, uno de los maestros de Sardà.

El ideólogo del Plan de Estabilización, y aquí está otra paradoja, venía del republicanismo burgués catalán y se situaba más cerca de ERC, en cuyo órgano había publicado varios artículos, que de la Lliga. Sardà, es más, prestó servicios en el bando republicano, participando en la batalla de Teruel. Colaboró, incluso, en el diseño de la autoridad monetaria de Cataluña, con la creación de un banco central, así como en la integración de esa región en el sistema monetario y financiero de la República.

Su implicación con Cataluña fue total y en 1935 fue nombrado vicesecretario de la Asociación de Banqueros de Barcelona, y, posteriormente, de la Federación de Bancos y Banqueros y de la Junta Local de la Banca, también de Barcelona. Su especialización en política monetaria está en el centro del Plan de Estabilización que él diseñó, toda vez que la autarquía dejó las arcas del Estado tan exhaustas como se las encontró tras la guerra, lo que obligó a pedir préstamos en el exterior para financiar la incipiente industrialización. Ese tren que tantas veces se le había escapado a España.

El capital extranjero, el gran enemigo del primer franquismo, pasaba así a convertirse en la palanca del cambio económico para equilibrar la maltrecha balanza de pagos. Una tarea hercúlea que necesitó cuatro años de disposiciones legales para completar el célebre decreto ley de 1959 que, en sus primeras líneas, como un aviso a navegantes, reivindicaba la «guerra de liberación». Una cosa era liberalizar la economía y otra bien distinta abrir la mano a la democracia.

El decreto, en todo caso, lo que buscó fue la liberalización progresiva de la importación de mercancías, y, en paralelo, facilitar el comercio interior, autorizando al mismo tiempo la convertibilidad de la peseta —el cambio oficial anterior era cuarenta y dos pesetas por dólar— y una regulación del mercado de divisas. El tipo de cambio era un factor esencial, y se cuenta que durante una entrevista del ministro de Hacienda, Mariano Navarro Rubio, con Franco en El Pardo, este le dijo que era bueno no quedarse corto en la devaluación, por lo que sugirió que quizá fuera mejor fijar una paridad de sesenta y dos o sesenta y tres pesetas que los expertos desecharon. Al final fueron sesenta pesetas, paridad que duró muchos años.

Un país acostumbrado a cerrarse sobre sus propias fronteras —y ahí están las políticas arancelarias de todos los gobiernos para proteger a sus élites interiores— se abría al mundo, aunque inicialmente fuera de forma parcial y, por supuesto, incompleta hasta la entrada en la antigua Comunidad Económica Europea. El Plan de Estabilización de 1959, de hecho, no fue más que la culminación de un movimiento histórico iniciado con los acuerdos con Estados Unidos.

En 1950, en plena autarquía, había nacido Seat, que fue el antecedente de otras inversiones de gran calado, como la que hizo Regie Renault en 1955. La empresa francesa instaló sus fábricas en Valladolid y Palencia, dos provincias asoladas por la crisis agraria de los años cincuenta que expulsó del campo a decenas de miles de agricultores y que significó el inicio de la gran diáspora de españoles migrantes.

La película *Surcos,* dirigida por José Antonio Nieves Conde, declarada de interés nacional, recogía bien en un texto del escritor franquista Eugenio Montes y de la dramaturga Natividad Zaro aquel ambiente de penuria en una España castigada por el hambre.

> Hasta las últimas aldeas, llegan las sugestiones de la ciudad convidando a los labradores a desertar del terruño, con promesas de fáciles riquezas.
>
> Recibiendo de la urbe tentaciones, sin preparación para resistirlas y conducirlas, estos campesinos, que han perdido el campo y no han ganado la muy difícil civilización, son árboles sin raíces, astillas de suburbio que la vida destroza y corrompe. Esto constituye el más doloroso problema de nuestro tiempo.

Otra empresa francesa, Citroen Hispania, se instalaría apenas dos años después en Vigo (Pontevedra), con la licencia de la multinacional gala; mientras que en 1965 nació Barreiros de la mano de Chrysler. La British Motor Corporation, igualmente, empezó la producción del Morris en 1967 en su planta de Landaben (Navarra).

La firma de un Acuerdo Preferencial de 1970 con la Comunidad Económica Europea fue el impulso definitivo para que España se convirtiera en una potencia automovilística capaz de absorber las migraciones interiores de agricultores. Se ha estimado que tan sólo en la década de los años sesenta se trasladaron del campo a las ciudades, principalmente en dirección a los polos industriales de Madrid, Cataluña y País Vasco, tres millones cien mil españoles, lo que da idea del tamaño del éxodo interior, y que en definitiva es el origen de la actual despoblación.

Es curioso que la apertura exterior de España estuviera pensada inicialmente para favorecer la exportación de productos agrícolas, pero, paradójicamente, lo que alentó fue la llegada de capital extranjero en la industria gracias a un generoso desarme arancelario que dejó al país en una situación de privilegio debido a sus bajos costes de producción. Y que en definitiva supuso la muerte por asfixia económica del primer franquismo, el que recelaba de las democracias liberales, pero que salvó a la dictadura favoreciendo un rápido crecimiento que creó una nueva clase media que fue la que hizo posible la Transición.

En 1971 se iniciaron las conversaciones entre España y Estados Unidos para la instalación de una fábrica de Ford en Almusafes (Valencia) y tan sólo un año después se aprobó un real decreto ley que estableció nuevas normas para la exportación de vehículos que era en realidad lo que les interesaba a las multinacionales. La última gran inversión fue la de General Motors en Figueruelas (Zaragoza), en 1979, con lo que se completaba un proceso de modernización del aparato productivo que rompía con la tradición autárquica de la economía española.

Aquella España que había acogido la OCDE era tan pobre que todavía dos décadas después de finalizar la guerra, en 1958, primer año oficial de la Contabilidad Nacional, el 70 % del consumo de un hogar se dedicaba a alimentación y vestidos. Es decir, a satisfacer bienes básicos.

Desde luego, una España más pobre de la España que salió de la Restauración e, incluso, de la que existió en buena parte del siglo XIX, lo que da idea no ya del atraso, sino del retroceso en términos reales que sufrió la economía. El desarrollismo y la influencia estadounidense acabaron con todo eso, pero no con una forma de hacer negocios que exigía ser complaciente con el franquismo e introducirse en las tuberías del poder político.

5
De la autarquía al desarrollismo

No deja de ser significativo que las mismas élites económicas que habían respaldado de forma resuelta el golpe del 18 de julio pronto se vieran arrinconadas por un régimen que lo quiso fiar todo al poder del Estado a través de las empresas públicas y el intervencionismo más descarado. Lo quiso, hay que aclarar, porque no tenía más remedio a la vista de que la España franquista había quedado fuera del progreso europeo por su apoyo decidido al Eje Roma-Berlín-Tokio, derrotado en 1945.

Mientras que el bando fiel a la República se había financiado, fundamentalmente, con la venta de las reservas de divisas en poder del Banco de España, que se agotaron muy tempranamente pese a que eran las cuartas más importantes del mundo tras Estados Unidos, Francia y Reino Unido, la zona nacional utilizó la vía de los préstamos y la exportación de materias primas a Alemania e Italia para obtener recursos, lo que explica perfectamente la animadversión de los aliados hacia el nuevo Estado. La pretendida neutralidad de España no fue tal, desde luego en el plano ideológico.

Lo que cambió no fue sólo la llegada de la autarquía como una salida forzada al aislamiento internacional, sino también el juego de equilibrios entre el Estado y los ávidos empresarios cercanos al poder político que durante años había moldeado a su favor muchas de las decisiones tomadas hasta 1931.

El advenimiento de la República había impuesto nuevas normas que fueron contestadas con rapidez por las élites empresariales, quienes prácticamente desde el primer día de la proclamación conspiraron contra lo que representaba aquel 14 de abril. Entre ellas, la creación en tiempos de Largo Caballero de los llamados Jurados Mixtos, que venían a ser un espacio de negociación de las condiciones laborales entre trabajadores y patronales, además de la promulgación de una norma que obligaba a los empresarios a readmitir a los trabajadores despedidos por razones políticas.

Ya el mismo 14 de abril se había producido en Madrid una reunión en casa de Rafael Benjumea y Burín, conde de Guadalhorce, en la que los asistentes, muchos de los cuales tendrían un papel relevante en la España franquista, decidieron crear una especie de escuela de pensamiento contrarrevolucionaria que pretendía derrocar a la República «por todos los medios». A aquella reunión acudieron el político y escritor Eugenio Vegas Latapié, Ramiro de Maeztu, José Calvo Sotelo, el diplomático José de Yanguas Messía, vizconde de Santa Clara de Avedillo, y José Antonio Primo de Rivera. El anfitrión, Rafael Benjumea, sería nombrado en 1947 presidente de

Renfe, por aquel momento la empresa más importante del país.

Apenas unos meses después de aquella reunión se constituyó para recaudar fondos una comisión de notables presidida en el exterior por Francisco de Asís Moreno y de Herrera, el conde de los Andes, mientras que en el interior el encargado sería Fernando María de Ybarra. Entre los contribuyentes figuraban, además de Juan March, encarcelado por contrabando hasta que huyó con la colaboración de un funcionario de prisiones, los marqueses de Urquijo, el duque del Infantado, Juan Pedro Domecq y el conde de Aresti. El primero financió el avión que trasladó a Franco de Canarias a Marruecos. La comisión, en poco tiempo, recaudó más de veinte millones de pesetas de la época.

Su interés en la victoria de Franco era máximo. Sólo hay que tener en cuenta un dato que ofreció en mayo de 1936 el ministro de Hacienda de la República, el catedrático azañista Gabriel Franco: el 1,25 % de los contribuyentes, a la luz del catastro, disponía por entonces del 40 % de la riqueza.

Ya en el borrador de la Constitución, la República llegó a incluir un artículo por el que el Estado podría expropiar ciertos servicios públicos sin indemnización alguna, lo que era una clara señal dirigida, principalmente, a los accionistas de Telefónica, en cuyo consejo de administración estaban algunos de los grandes prebostes empresariales del país reclutados por la americana ITT, que en realidad era quien controlaba el sistema de telefonía peninsular. Entre ellos, su tesorero, José López Nieulant, marqués de Perijá y conde de Atarés con Grandeza de España, con hilo directo con Alfonso XIII, que también compró acciones.

La inclusión de la alta burguesía en su consejo de administración era, en realidad, un guiño de los hermanos Behn, dueños de ITT, para evitar los recelos que produciría que una empresa extranjera fuera la responsable del servicio de telefonía en un tiempo, el de la dictadura de Primo de Rivera, en que se imponía el proteccionismo y el nacionalismo económico. De ahí que la mejor manera de entrar en el país, como tantas otras veces había sucedido, era nombrar como consejeros a empresarios afines a la Corona o al poder económico, lo que es una práctica habitual en sistemas caciquiles.

Así es como hace un siglo, en abril de 1924, nació la Compañía Telefónica Nacional de España, con un capital social de tan sólo un millón de pesetas y cinco miembros en su consejo de administración: Julián Cifuentes Fernández, Amadeo Álvarez García, Valentín Ruiz Senén, José López Nieulant y Gumersindo Rico. ITT se había llevado el gato al agua en una dura pelea con la sueca LM Ericsson por captar apoyos. La decisión fue verdaderamente sorprendente porque la compañía sueca era bastante mayor y tenía mucha más experiencia, mientras que ITT, en aquella época, apenas gestionaba setenta y cuatro mil ciento veinticuatro aparatos de comunicaciones en Cuba y Puerto Rico.

La noticia de la concesión de un servicio tan importante como la telefonía a una empresa tan pequeña causó tal revuelo que la prensa, buena parte de ella comprada, censuró las opiniones en contra. No es de extrañar que cuando se proclamó la República los nuevos gobernantes quisieran impugnar el concurso y declarar ilegal la concesión a Telefónica, lo que amenazó con convertirse en un conflicto diplomático con Estados Unidos.

Las bases del pliego de condiciones para la firma del contrato fueron redactadas a partir de un documento estructurado en veinticuatro cláusulas que la propia ITT había entregado al Gobierno. Fue redactado por Melquíades Álvarez, líder del Partido Reformista y hombre de leyes, quien cobró por ello una importante suma de la multinacional estadounidense. Otros muchos abogados y personalidades cercanas a Alfonso XIII se involucraron en el proyecto, dirigido desde el hotel Ritz por Sosthenes Behn, uno de los primeros empresarios a los que Hitler recibió años después cuando tomó posesión de la cancillería en calidad de presidente de la ITT.

La polémica concesión, llena de irregularidades, se producía apenas un año después de que Primo de Rivera, tras el golpe, hiciera publicar un sonado decreto que pretendía poner fin a décadas de corrupción:

> Motivo de escándalo y suspicacia —decía la norma— ha venido siendo para la moral pública el hecho insólito, desde un punto de vista de sana ética, de que vivan en ocasiones de maridaje, o sólo temporalmente divorciadas, las altas funciones ministeriales con las de directores, consejeros, abogados o asesores de las grandes

compañías o empresas de servicios públicos o contratistas del Estado, cuyos intereses, en ocasiones en pugna o contraposición con aquellos, corresponde defender celosamente a los más altos y responsables funcionarios de la nación.

Este enfrentamiento resume bien las pésimas relaciones entre la República y el viejo orden empresarial que seguía siendo fiel a la Corona. La literatura económica ha acreditado, por ejemplo, que entre abril y septiembre de 1931, apenas proclamada la República, la banca española perdió el 20 % de los depósitos, dinero que salió del país hacia Suiza y otros países europeos en busca de un refugio seguro. Ni que decir tiene que la consecuencia fue una fuerte depreciación de la peseta, que ya arrastraba una pérdida de valor significativa desde el *crash* de 1929, lo que alimentó la crisis económica —más inflación— y favoreció la inestabilidad política y la animadversión de los empresarios hacia la nueva clase dirigente a quien culpaba de sus males.

El golpe de Estado, de hecho, fue financiado por las élites empresariales que habían visto mancillar sus intereses, pero que desde el primer día, y aquí está la paradoja, se verían arrinconadas por la omnipresencia de la empresa pública y del propio Estado como agente económico. La Junta de Defensa Nacional asumió todos los poderes e impuso desde el principio un férreo control de las oligarquías que habían financiado el golpe en el marco de un nacionalismo económico extremo. El punto 14 de los célebres 27 puntos con que nació el ideario de Falange se comprometía cuando llegara al poder a nacionalizar la banca y advertía que iría «contra los abusos del gran capital financiero, de los especuladores y de los pesimistas» (sic).

No era un brindis al sol. La propia Telefónica que la República, y en concreto Diego Martínez Barrios, uno de los consejeros más cercanos a Azaña, había intentado meter en cintura, fue nacionalizada totalmente por Franco en 1945. Ni siquiera la República se había atrevido a tanto. La ventaja para las empresas que habían financiado a Franco fue que el nuevo régimen, en paralelo, expulsó a los inversores extranjeros, con o sin indemnización, lo que a la postre abrió nuevos mercados para quienes habían apoyado la causa franquista.

Aquella fuga de divisas con que se inició la presión sobre la República no tuvo nada que ver con la solvencia de los bancos, sino con algo mucho más prosaico: la desconfianza en el nuevo sistema político de las viejas clases extractivas que temían perder sus privilegios, y que rápidamente buscaron su recompensa por la ayuda prestada.

Uno de los casos más singulares, aunque hubo muchos más, fue el de Antonio Goicoechea Cosculluela, nombrado por Franco en Burgos, en 1938, primer gobernador del Banco de España de la zona nacional, y cuya trayectoria refleja con nitidez la integración de las élites financieras en el nuevo régimen.

Goicoechea, que extendería su mandato hasta 1950, al principio del fin de la autarquía, se había situado como uno de los leales a Alfonso XIII, como el protomártir del franquismo José Calvo Sotelo, con quien compartió liderazgo en Renovación Española, fundada en 1933. Fue uno de los políticos más activos en la preparación del golpe de Estado.

Tan sólo una semana después del 18 de julio se había desplazado con el monárquico Pedro Sainz Rodríguez a Roma para negociar con el conde Ciano, el ministro de Exteriores de Mussolini, la ayuda italiana a Franco, y, de hecho, en el temprano año de 1937 había decidido disolver su partido para integrarlo en el nuevo partido unificado. Incluso antes del 18 de julio, en marzo de 1934, había llegado a Roma para entrevistarse con el propio Mussolini y con el mariscal Italo Balbo en representación de la Comunión Tradicionalista, cuyos contactos con el Vaticano eran evidentes.

El caso de Goicoechea es singular porque refleja la confluencia de dos intereses. El de los empresarios por volver a situarse en un lugar preferente para influir sobre la producción legislativa del nuevo Estado, y el del propio Estado por consolidarse en el poder ante la dramática situación económica y social tras la guerra, que había llevado la hambruna a todo el país.

Sólo había una diferencia, muy relevante, respecto del pasado anterior a 1931. El verdadero cambio fue que si en la Restauración o la dictadura de Primo de Rivera eran los empresarios quienes se acercaban al poder para hacer negocios, a partir de 1939, y durante prácticamente dos décadas, hasta el Plan de Estabilización, lo relevante era la afinidad ideológica. Sólo se podían hacer grandes negocios, como si se tratara de una condición necesaria, y a veces suficiente, si los empresarios eran capaces de mostrar sumisión al nuevo régimen, una especie de pureza de sangre. La prueba es que algunos grandes empresarios que permanecieron fieles a la República, como la familia de la Sota o Pedro Chalbaud, presidente de la Unión Española de Explosivos, vieron cómo eran incautadas sus propiedades.

HÁGANME CASO, NO SE METAN EN POLÍTICA

La figura de Ramón de la Sota y Llano es especialmente significativa porque a causa de su vinculación al nacionalismo vasco, fue elegido diputado en 1918, él y su familia fueron desposeídos de todos sus bienes y sometidos a un proceso judicial que duró años, incluso después de la guerra civil. Ello supuso la desaparición del grupo industrial Sota y Aznar, uno de los motores de la industrialización del País Vasco.

El régimen abrió la mano a partir de 1959, cuando se aprueba el Plan de Estabilización, y es entonces, como si se tratara de una revancha histórica cuando comienza a crecer de forma casi exponencial la influencia de los empresarios sobre el poder político, y que en última instancia supone el origen del enfrentamiento entre los tecnócratas, que querían devaluar el papel del Estado en favor de las empresas privadas, y los falangistas, que sostenían que para eso no habían ganado la guerra.

Ese pulso fue evidente y en muchas ocasiones de una extrema fuerza dialéctica durante más de una década y es una de las señas de identidad de Franco como jefe del Estado, que a veces inclinaba el fiel de la balanza hacia un lado y en ocasiones hacia el otro. De hecho, nunca se entregó claramente a ninguno de los dos bandos, lo que le daba juego para aparecer ante los españoles como el hombre capaz de superar los problemas creados por sus subalternos.

Uno de los casos cualitativamente más relevantes por su significado histórico fue el de la patronal catalana Fomento del Trabajo Nacional, cuyo origen más remoto —aunque hay razones para dudar de su continuidad en el tiempo— se remonta al siglo XVIII en torno al algodón procedente de América, y que durante más de dos siglos había sido el principal grupo de presión organizado de Cataluña.

La llegada del nuevo régimen supuso la prohibición de los sindicatos y de las patronales, pero habida cuenta de la importancia de la patronal Fomento en la industria catalana, que había apoyado sin fisuras a Franco, lo que se le planteó es que eligiera entre dos fórmulas. O desaparecer, como ocurrió con la mayoría de patronales, o integrarse en la Organización Sindical, donde en teoría estarían representados sindicatos y empresarios. Al final se optó por la integración, pero manteniendo su identidad y patrimonio, aunque sometida a las normas del sindicato vertical.

En definitiva, una especie de hibernación que les permitía a los industriales catalanes seguir influyendo de forma organizada, pero ahora bajo el manto del régimen, al que habían declarado fidelidad. No es casualidad que en 1977, cuando España recuperó la democracia, el primer presidente de la patronal CEOE fuera Carlos Ferrer Salat, a su vez líder de Fomento, y representantes de las élites catalanes, que al mismo tiempo que sostenían al franquismo buscaban una apertura al exterior del régimen.

Es en este contexto en el que hay que situar, a comienzos de los años cincuenta, el nacimiento de otro grupo de presión, aunque en este caso con un perfil más intelectual y menos conservador, el Cercle d'Economia que inicialmente se disfrazó como si se tratara de un club de ajedrez, denominado Comodín, para burlar el control del régimen sobre la sociedad civil. Entre sus promotores estaban los economistas Juan Sardà y Fabián Estapé, Jaume Vicens Vives, además de jóvenes empresarios del textil como Joan Mas i Cantí. Una nueva hornada de empresarios y economistas que buscaban una apertura al exterior del franquismo y al mismo tiempo conservar la memoria del viejo catalanismo que un día representó Cambó, siempre obsesionado por influir sobre «Madrid».

Otras patronales, como UNESA, representante del sector eléctrico, o el Consorcio de Industriales Textil Algodoneros, ambas nacidas en 1944, tuvieron cierta capacidad de influencia sobre los primeros gobiernos franquistas, aunque fuera limitada por la presencia omnímoda del Estado en la actividad económica. Y que a la postre desembocó en una formidable ineficiencia que llevó al colapso económico.

Los niveles de industrialización de los años treinta, a la luz de un indicador elaborado por el economista Albert Carreras, no se recuperaron hasta el año 1952, al comienzo de la tímida apertura ante los inminentes acuerdos con Estados Unidos. El Consejo de Economía Nacional, un organismo poco sospechoso de antifranquista, llegó a estimar en 1944 que al poco de acabar la guerra la renta nacional a precios constantes —descontada la inflación— había retrocedido a niveles de 1914, pero como la población había crecido de forma significativa se puede afirmar sin ninguna duda que la renta per cápita real volvió a niveles de finales del siglo XIX. En definitiva, una España devastada que lejos de encontrar soluciones se había hundido un poco más.

El lobby de los lobbies

Lo que sucedió en la industria eléctrica es, probablemente, el mejor ejemplo. Durante todos los años cuarenta los precios de la electricidad fueron congelados en la equivocada creencia de que así se ayudaría a la industria nacional con el suministro de energía barata. Lo que sucedió, por el contrario, es que las empresas eléctricas dejaron de invertir porque la inflación se comía los beneficios y no era rentable, lo que trajo consigo apagones y restricciones que no sólo impedían a la industria producir bienes, sino que causó que los hogares sufrieran todo tipo de penalidades.

Para más inri, los cuarenta fueron años de fuerte sequía, lo que añadió más problemas para la generación eléctrica, algo que en parte explica la clara apuesta del franquismo por los embalses y los pantanos, aunque ya en la década posterior. El régimen, al contrario de lo que sucedió en Francia y Alemania, donde se nacionalizó un bien que se consideraba esencial, optó por un sistema de autorregulación que era en realidad un artificio, ya que las tarifas estaban fijadas por el Estado. La expropiación pura y dura hubiera castigado a quienes habían financiado la guerra en el bando nacional.

Sólo en la década de los cuarenta se crearon empresas subsidiarias del INI, como Endesa y Enher, para superar las ineficiencias de un sector que, sin embargo, siempre estuvo muy pegado al régimen, como fue el caso de Sevillana de Electricidad pese a que estaba controlada por capital suizo, aunque finalmente fue también engullida por el Estado.

La patronal eléctrica la constituyeron inicialmente catorce compañías encargadas de gestionar tanto las redes de transporte como la generación de acuerdo con las directrices del Estado, y aunque en la práctica era un mercado intervenido, el objetivo último de sus accionistas era mantener su estatus de empresas privadas, desde donde podían influir en las decisiones del Gobierno de turno. Tanto respetó el Estado su carácter privado que en 1977, ya celebradas las primeras elecciones generales, el vicepresidente del Gobierno Enrique Fuentes Quintana se sorprendía de que en las reuniones del Consejo de Ministros, el titular de Industria y Energía solía defender la revisión de tarifas con documentación encabezada con el logotipo de UNESA, un verdadero atraco al consumidor.

En este caso, por una doble circunstancia. En primer lugar, la propia debilidad del Estado, con dificultad para captar funcionarios altamente cualificados para contrarrestar los argumentos jurídicos de las eléctricas, y, en sentido contrario, la enorme capacidad del sector para retribuir mejor que el sector público, lo que les daba una ventaja comparativa. Las puertas giratorias comenzaban a ser una realidad y su funcionamiento fue en aumento a medida que se fue liberalizando el sector, aunque estuviera todavía muy regulado.

El hombre clave en aquellos años fue José María de Oriol y Urquijo, cuyo papel había sido relevante en 1937 en la integración de carlistas y falangistas, que era una de las urgencias de Franco: unificar en torno a él toda la miríada de grupúsculos que habían hecho frente a la República. Oriol, por lo tanto, tenía hilo directo con el jefe del Estado, lo que explica muchas de las peripecias por las que ha atravesado el sector eléctrico en las últimas décadas. Como anécdota sólo mencionar la impresión que le causó al primer ministro socialista que se hizo cargo de la cartera de Industria y Energía en el Gobierno de Felipe González. Cuenta que a las pocas semanas de llegar a su despacho de la Castellana, Oriol le pidió una entrevista, a lo que por razones obvias accedió.

Los despachos de Industria, en especial los de los ministros, son particularmente grandes, y su interlocutor cuenta hoy que tras golpear la puerta pidiendo paso, Oriol, que ya por entonces contaba con setenta y siete años, se le cuadró en una esquina, y dando un taconazo en modo militar, como si entrara en un cuartel y no en un despacho civil, le dijo con voz resuelta:

—A sus órdenes, ministro.

El taconazo todavía suena en las comidillas del ministerio. Sólo le faltó levantar el brazo, se comenta.

Oriol fue el primer alcalde de Bilbao tras la guerra y durante seis legislaturas procurador en Cortes, lo que da idea de su compromiso con el régimen y con sus propios negocios. Monárquico convencido, fue quien propició la histórica reunión entre Franco y don Juan en el Azor. Es más, fue una de las escasas personas que recibió en Madrid, en 1948, a Juan Carlos para que este fuera tutelado por el régimen en aras de restablecer la monarquía.

Pocos personajes como él reflejan la confluencia de caminos entre el poder político y empresarial durante el primer franquismo. Supo convencer al dictador, pese a los recelos del siempre estatista Juan Antonio Suanzes, todopoderoso presidente del INI, de que lo mejor para el sector eléctrico y para el propio Estado era mantener la identidad de las empresas privadas, lo que propició la creación del gran lobby de su tiempo, Unidad Eléctrica (UNESA) que debía cumplir la regulación pública, pero siempre con una enorme capacidad de influencia política. De hecho, muchas de las regulaciones fueron desarrolladas por el propio sector, siempre afín a los intereses del régimen.

El resultado fue que la industria eléctrica, al no ser nacionalizada, como había sucedido en otros países al tratarse de un bien esencial para garantizar el desarrollo industrial, fue la que canalizó la importante estrategia nuclear que adoptó España tras los acuerdos con Estados Unidos, que ofreció una financiación privilegiada para hacer posible la penetración de sus empresas en el país. La creación del Fórum Atómico Español, el principal grupo de presión en defensa de la energía nuclear, fue una de sus obras más relevantes.

Lo que realmente preocupaba al régimen era que los empresarios se metieran en política y tuvieran la tentación de conspirar, como lo habían hecho en el pasado. Y en verdad lo consiguió. Esto no significa que el régimen pudiera prescindir de los empresarios, al contrario. El golpe de Estado contra la República, pese a la financiación que obtuvo de muchos terratenientes e industriales que se sentían perseguidos, había sido dirigido por militares y falangistas cuyo conocimiento de cómo funciona un país, y en concreto la economía, era prácticamente nulo.

Muchos de ellos habían sido formados durante la guerra y veían la organización social y económica como si se tratara de un cuartel. O, incluso, una estructura jerárquica en la que lo prioritario era la sumisión al jefe. El propio Franco, desde luego en su primera etapa, en todo momento desdeñó de los empresarios, a quienes veía corresponsables de las debilidades del Estado liberal con sus chanchullos y trapicheos, siempre conspirando en los aledaños del poder en defensa de sus intereses, como sucedió durante la Restauración. No es de extrañar que sus primeros ministros de industria fueran el militar y marqués Luis Alarcón de la Lastra y Demetrio Carceller, germanófilo empedernido durante sus primeros años con Franco, además de experto en la industria del petróleo, y, sobre todo, falangista de primera hora.

El escritor y periodista Josep Pla llegó a contar en alguna ocasión que en una conversación que tuvo en los inicios de los años treinta con José Antonio Primo de Rivera, este llegó a pensar en promover a Carceller como jefe de Falange habida cuenta de que tenía orígenes muy humildes —había nacido en una aldea de Teruel—.

—Creo que yo no debería dirigir el movimiento que se está formando —confesó José Antonio al escritor ampurdanés—, lo debería dirigir una persona que no fuera hijo de un general, que no tuviera un apellido y un título nobiliario. Carceller hubiera podido ser ese hombre. Se lo propuse y se negó.

El oro de Franco

El personaje clave del proceso de estatización de la economía fue, en todo caso, un militar e ingeniero naval, Juan Antonio Suanzes, paisano y amigo personal de Franco, que vio en la autarquía el futuro del país. Su gran obra fue el Instituto Nacional de Industria (INI), nacido en 1941, y prueba de su entusiasmo por el aislacionismo económico fue que inicialmente lo quiso denominar Instituto Nacional de Autarquía. El preámbulo de la ley que dio nacimiento al INI lo dice todo:

> Los imperativos de la defensa nacional exigen, por otra parte, la creación de nuevas industrias y la multiplicación de las existentes, que permitan respaldar nuestros valores raciales (sic) con el apoyo indispensable de una potente industria, lo que requiere dar a este resurgimiento un ritmo más acelerado si hemos de realizar los programas que nuestro destino histórico demanda.

El propio Franco, incluso antes de acabar la guerra, había marcado el camino a fuego cuando en 1938, en Burgos, había dicho:

> España es un país privilegiado que puede bastarse a sí mismo. Tenemos todo lo que hace falta para vivir y nuestra producción es lo suficientemente abundante para asegurar nuestra propia subsistencia. No tenemos necesidad de importar nada.

Franco, en otro pasaje impagable que corresponde al año 1929, había dicho a José Calvo Sotelo, por entonces ministro de Hacienda, y muy preocupado por la depreciación de la peseta:

> Supóngase que ahora llega el gobernador del Banco de España y en un aparte le dice: «Señor ministro, nos hemos dado cuenta de que el oro que tenemos en el

Banco de España no es oro, sino pedruscos». Mientras nadie se enterase —continuó Franco— todo seguiría igual. Al día siguiente verían que no había pasado nada y pronto se le pasaría el disgusto.

Esta concepción de la economía como si se tratara de una treta militar para engañar al enemigo, en este caso los mercados para que siguieran financiando al régimen, refleja bien la estrategia inicial del franquismo, que tardó al menos una década en darse cuenta de su error.

Esto puede deberse a que Franco siempre se sintió protagonista de un proyecto divino. O lo que es lo mismo, la propaganda lo quiso convertir en el líder de un país que tenía una misión histórica: alcanzar un destino en lo universal, como proclamaba la Falange, lo que explica que viera en la autarquía la salida del régimen. Y era Suanzes quien simbolizaba mejor que ningún otro dirigente del franquismo la apuesta del régimen por la industrialización, lo que rompía de alguna manera una trayectoria seguida por casi todos los gobiernos anteriores. Probablemente con la excepción de la dictadura de Primo de Rivera, que promovió la creación de empresas públicas, como Campsa, o algunos bancos oficiales que con el tiempo jugaron un papel relevante en el desarrollo económico. La creación del monopolio del petróleo fue, de hecho, la manifestación más clara del intervencionismo que quiso imprimir la dictadura de Primo en la economía.

Franco no sólo siguió sus pasos, sino que lo agrandó hasta el extremo de que al final de la autarquía las cuatro mayores empresas del país —Telefónica, Renfe, Ensidesa y Enpetrol— eran públicas, y también la séptima, la octava, la décima y la duodécima, en la inmensa mayoría de los casos bajo el epígrafe Empresa Nacional. Había poco margen para hacer negocios privados, y de ahí, precisamente, la necesidad que tenía la élite empresarial de estar cerca del poder pese a que su espacio se había achicado. Incluso, en sectores, como el textil, en el que la presencia del Estado había sido residual.

El caso más emblemático es el de Hytasa (Hilaturas y Tejidos Andaluces), empresa impulsada en 1937 por el general Queipo de Llano con un doble objetivo. Sustituir a la industria textil catalana, que se había quedado en zona republicana, y en una segunda etapa abastecer al país de algodón en cada una de sus fases: cultivo, desmote y comercialización.

Su principal promotor fue un abogado extremeño, Prudencio Pumar Cuartero, quien recaló en los años veinte en Manresa como interventor de ferrocarriles y pronto quiso replicar la pujante industria textil catalana en Andalucía. Se dice que por un cierto rencor de clase por todo lo que había significado el sector en la historia de España por su capacidad de presión sobre los distintos gobiernos. Pumar entendía que no era justo que si el algodón se cultivaba en la provincia de Sevilla, el proceso de transformación estuviera en Cataluña.

Desde el punto de vista industrial la idea era coherente. El problema surgió porque de nuevo, reproduciendo los viejos errores de la Restauración, los primeros consejos de administración de Hytasa estuvieron cooptados por las viejas familias —y algunas de ellas muy rancias— que representaban el poder de la oligarquía sevillana de toda la vida.

Estaban los Lasso de la Vega, los Solís, los Sánchez-Ibargüen, los Armero, los Fernández de Córdoba y, sobre todo, los Benjumea. Es decir, la misma aristocracia sevillana que era propietaria de un formidable patrimonio de superficies agrícolas que veía en Franco su salvación. El propio Joaquín Benjumea Burín, alcalde de Sevilla, ministro de Agricultura y gobernador del Banco de España durante la dictadura, disponía de trescientas tres hectáreas de regadío en el bajo Guadalquivir. Su empresa, Bética S. A. se había visto favorecida por una disposición del Gobierno que prohibía a cualquier otra sociedad similar instalarse en la zona.

En el proyecto, al que el ministro Suanzes puso todo tipo de pegas porque escapaba de su control, también estaban otros industriales sevillanos, pero quien ejercía el mando era la aristocracia vinculada al nuevo poder político, que veía a los catalanes como el enemigo por sus ansias de autonomía. Tanto poder tenía que cuando Suanzes saltó del Gobierno y Benjumea, que era uno de los promotores de Hytasa, fue nombrado ministro de Agricultura, todo se pudo solucionar. El nuevo ministro de Industria, Luis Alarcón de la Lastra, conde de Gálvez, igualmente, había sido dirigente de la patronal agraria andaluza, por lo que en realidad todo quedó en casa.

Hecha la ley, sin embargo, hecha la trampa, y lo que sucedió es que se puso en marcha un sistema de producción algodonera por zonas que en realidad conformó unos oligopolios de las grandes familias andaluzas, ya que la entrada estaba cerrada o al menos restringida a nuevos empresarios agrícolas pese a que se trataba de un sector esencial en la economía.

Hytasa llegó a ser la primera firma algodonera de España produciendo el 15 % de las necesidades de fibra de algodón. Tras el esplendor, sin embargo, y cuando la economía comenzó a abrirse, llegaron los ajustes. Hytasa, ya en la segunda mitad de los años setenta, acabó siendo una empresa en ruina y el Estado, tras haberse incautado su propiedad, con la oposición de la patronal catalana del textil, vendió lo que pudo a dos exconsejeros de la Junta de Andalucía. Hoy las antiguas naves de Hytasa servirán para ubicar un nuevo proyecto urbanístico en la ciudad de Sevilla.

La creación del INI, en todo caso, no fue siquiera original, ya que su nacimiento estuvo inspirado en el IRI italiano, Istituto per la Ricostruzione Industriale, de clara ascendencia fascista. Lo impulsó Mussolini en 1933 como un instrumento político y económico para salvar a la industria y la banca tras la debacle de 1929, pero a la larga se convirtió en el referente de la economía transalpina, como sucedió en el caso español.

Suanzes, antiguo compañero en la Armada de Nicolás Franco, hermano del jefe del Estado, se había empapado en la Escuela Naval de El Ferrol de una mentalidad patriótica un tanto ultramontana, tan habitual en aquellos tiempos, y así se puede entender su visión de lo que debería ser el diseño de un instituto que de alguna manera iba a exhibir la musculatura del régimen en términos industriales.

No era ningún advenedizo. De hecho, formó parte de la primera dotación del acorazado España, que significó la primera gran apuesta de los gobiernos de la Restauración por la industria naval militar después del desastre de Cuba. El propio Suanzes vio allí su salida y se incorporó a la primera promoción de la Academia de Ingenieros de la Armada, lo que explica su sólida formación.

Pronto, sin embargo, abandonó la Armada para enrolarse como ingeniero en la Sociedad Española de Construcción Naval, más conocida como La Naval, que había sido adjudicataria de un importante programa de nuevas construcciones. El hecho de que la propietaria de La Naval fuera una empresa británica, Vickers, nunca gustó a Suanzes, que no podía entender que una compañía extranjera fuera la encargada de construir los buques españoles, lo que está en el origen de su pasión por la autarquía.

Franco echó mano de su camarada de armas muy al comienzo de la guerra, y como tal fue nombrado en enero de 1938 ministro de Industria y Comercio, desde donde comenzó a teorizar sobre la necesidad de que la industria española fuera autosuficiente y no tuviera necesidad del capital extranjero, algo que había sido habitual durante los años de la Restauración.

Para poner en marcha su programa autárquico, no dudó en utilizar todo tipo de ideas, por peregrinas que pudieran parecer: destilación de pizarras en Puertollano (Ciudad Real) para poder obtener combustibles líquidos, producción de acero en Asturias sin la utilización de materias primas de importación o fabricación de fertilizantes con productos agrícolas locales, además de un uso intensivo de carbón nacional. Sólo había un problema, y no era precisamente menor. Los costes de producción, por muy imaginativas que fueran las soluciones apuntadas, eran sensiblemente más caros que en el exterior, lo que a la larga influyó de forma decisiva en la competitividad de la industria española. Y lo que no es menos relevante: suponía que los consumidores estaban obligados a pagar más caros los bienes y servicios que compraban.

El problema era tan evidente que el propio Suanzes, con su mentalidad de ingeniero, ya a finales de los años cuarenta, se dio cuenta de que el INI no podía sobrevivir de seguir el mismo camino, lo que explica que en 1949 decidiera autorizar por primera vez que Caltex, una filial de la americana Chevron, invirtiera en la refinería de Escombreras (Murcia) o que la italiana Fiat diera el apoyo tecnológico necesario para que Seat pudiera comenzar a producir automóviles, algo impensable pocos años antes para el gran apóstol de la autarquía.

La creación de Seat, de hecho, se vendió como el triunfo de la industria nacional, y, de hecho, en sus comienzos se llegó a interpretar más como una operación de prestigio que como una apuesta industrial. Pero en realidad, lo que estaba detrás era la tecnología italiana instrumentada a través de una alianza estratégica entre la Fiat y el Banco Urquijo, precisamente, el banco de las élites de la Restauración que tanto había hecho por financiar la industrialización del país, y que era heredero del alavés Estanislao Urquijo, un hombre clave en la modernización de España y en la extensión del ferrocarril.

El régimen, sin embargo, quiso dejar bien claro quién mandaba en la economía, y para que Seat pudiera echar a andar el Ministerio de Industria obligó al Banco Urquijo a vender la mayoría de las acciones de la compañía automovilística, que pasaron a manos del INI de Suanzes.

La guerra mundial, sin embargo, había acabado y los aliados de Franco habían perdido, por lo que el régimen, en paralelo, comenzaba a enviar señales de que algo empezaba a cambiar. El INI, pese a que era el principal agente de una economía estatalizada, optó por permitir que la banca privada pudiera entrar en la operación. El Estado se quedó con el 51 %, Fiat, con el 7 % y el resto de acciones se repartió a partes iguales entre los seis principales bancos españoles, Hispano, Central, Banesto, Urquijo, Bilbao y Vizcaya. Había nacido una alianza entre el nuevo régimen y las viejas familias de la aristocracia financiera.

Está acreditado que el INI, al contrario de lo que sucedió en otros países con un tamaño del sector público similar o superior, favoreció la colaboración del Estado con la empresa privada, lo que sin duda, en un régimen de escasa competencia y nula transparencia, facilitó la existencia de clases extractivas que se aprovecharon de su cercanía al poder. Obviamente, a cambio de que no se metieran en política. La colaboración público-privada no es, desde luego, un nuevo invento.

Esta estrategia fue especialmente visible con la política de nacionalizaciones, que en aras de reforzar una especie de patriotismo económico siempre buscó la españolización de sus accionistas, aunque pudiera significar la expulsión del capital extranjero. Es decir, fueron las empresas privadas las que pudieron encontrar nuevos negocios con los que nunca hubieran podido soñar gracias a su sintonía con el régimen, obsesionado con recuperar el tiempo perdido en el proceso de industrialización del país. Se ha estimado que la participación de la industria en el PIB pasó de representar un 26 % en 1964 al 34 % una década más tarde, más del doble que actualmente.

La colaboración entre los empresarios de élite franquistas y el régimen no estuvo, sin embargo, exenta de polémicas. Y el propio Suanzes lo relató en una carta enviada al mismo Franco en 1944 en la que le decía:

> Cuento, y a mucha honra, con la enemistad de unos cuantos ministros, de la Gran Banca, de la Gran Industria, del pretendiente a la Corona y de una serie de representaciones extranjeras.

Pese a ello, Franco lo mantuvo al frente del INI durante una década y lo dejó caer cuanto observó que la vía Suanzes era un callejón sin salida, lo que echó al régimen en manos de Estados Unidos, que desde entonces guiaría los pasos de la apertura económica española. La otra, la apertura política, tardaría varias décadas en llegar.

Suanzes, sin embargo, tenía razón. Una de las características del franquismo menos conocida fue la estrecha colaboración que siempre tuvo, incluso en los periodos de mayor presencia falangista, con la vieja aristocracia económica. Es probable que por un cierto complejo de clase del dictador, a quien siempre le gustó rodearse de apellidos rimbombantes, lo que llevó a recelar de sus viejos camaradas de armas. Durante su mandato, Franco llegó a conceder más de cuarenta títulos nobiliarios pese a no tratarse de una monarquía.

Cuando en 1951 Franco nombró, en sustitución del monárquico Antonio Goicoechea, gobernador del Banco de España a Joaquín Benjumea Burín, lo primero que hizo fue otorgarle el título de conde de Benjumea. Un hermano de Benjumea, el conde de Guadalhorce, había sido ministro de Obras Públicas con Primo de Rivera y él mismo había sido ministro de Hacienda de Franco durante una década desde 1941. Era sin ninguna duda uno de los mejores exponentes de la clase alta sevillana que apoyó el golpe, lo que reforzó el poder de las élites en los distintos gobiernos del dictador. Eso sí, jugando una especie de doble papel. Al mismo tiempo que apoyaban la causa de Franco mostraban su apoyo, más o menos velado, a don Juan como heredero de la Corona.

Se ha estimado que si se hace un análisis detallado de las noventa y una personas que formaron parte en algún momento del consejo privado de don Juan, el conde de

Barcelona, nada menos que ochenta y una se conectaban con lo que el economista Juan Velarde denominó «lo más pimpante del latifundismo y del gran capitalismo español», ligado, a su vez, con los siete grandes bancos que dirigían el cotarro financiero, si se puede llamar así, ya que actuaban perfectamente al unísono en defensa de sus intereses. Es decir, lo que produjo el franquismo en su primera etapa fue una especie de legitimación de la vieja aristocracia económica sin importarle demasiado que el atraso histórico de España, precisamente, tuviera mucho que ver con el comportamiento de esas élites, ciertamente superadas por la historia.

Hubo algunos casos muy significativos, como el del ingeniero militar José Ortiz Echagüe, dueño de Construcciones Aeronáuticas (CASA) y pionero en la industria de la aviación, que había actuado de enlace entre el ejército del Aire y la Jefatura de Movilización de Industrias Civiles, nombrado presidente de Seat. O el del gallego Pedro Barrié de la Maza, conde de Fenosa, presidente del Banco Pastor y consejero del Banco de España, además de procurador en Cortes. El conde de Fenosa (Fuerzas Eléctricas del Noroeste Sociedad Anónima) llegó a presidir, igualmente, Astano, Gas Madrid y Minero Siderúrgica de Ponferrada.

En la misma línea, a Silvestre Segarra Aragó, proveedor en exclusiva de calzado para el ejército y muy cercano a Franco, se le dieron todo tipo de facilidades para que crecieran sus empresas por su gran conexión con el jefe del Estado. Modelo de empresario franquista, ya había aprovechado la dictadura de Primo de Rivera y su fuerte componente proteccionista y autárquico. Otro personaje fue José Banús, quien construyó la carretera que iba de Madrid al Valle de los Caídos, y fruto de eso se hizo tan amigo de Franco que el general le habilitó para construir miles y miles de viviendas de ínfima calidad en los barrios marginales de Madrid, y que estaban destinadas a acoger a la extraordinaria inmigración del campo a la ciudad.

El caso de Jaume Castell i Lastortras, tío del expresidente de CEOE, Juan Rosell, también es significativo porque revela cómo la permuta de favores alcanzó niveles desconocidos desde los tiempos de Alfonso XIII, lo que da idea del retroceso en términos históricos. A mediados de los cincuenta, Castell adquirió un pequeño banco en Ripoll (Girona), la Banca Suñer, y una sucursal suya la denominó Banco de Madrid pese a tener la sede en Cataluña. Lo primero que hizo fue nombrar presidente del banco a José María Martínez Ortega, consuegro de Franco, quien según algunos estudios había ejercido como hombre de paja para encubrir los intereses de antiguos nazis en España.

Padre de Cristóbal Martínez-Bordiú, el yerno de Franco, colocó en el consejo de administración del banco a los alcaldes José María Porcioles y Joaquín Viola, además de a Juan Antonio Samaranch, Joan Rosell Codinachs o Claudio Boada. Fue fundador del primer periódico privado nacido en Barcelona desde la guerra civil, *Tele/eXpres*, que simboliza el nacimiento de una nueva burguesía catalana que, sin embargo, conecta con la anterior de una forma manifiesta.

Casi tres décadas después del fin de la guerra, la economía española se había limitado a recuperar el terreno perdido con respecto a Europa durante los años de la autarquía, pero con una nueva aristocracia económica que se había curtido en su cercanía al poder, y que había cumplido a rajatabla la célebre recomendación que hacía Franco a sus ministros:

—No se metan en política.

6
La adhesión inquebrantable al nuevo régimen

La indisimulada adhesión de la aristocracia empresarial española al nuevo régimen, por utilizar la vieja expresión del franquismo, no fue gratis. Por el contrario, fue generosamente correspondida por el nuevo Estado, lo que se tradujo en el nacimiento de una nueva clase dirigente que indudablemente era heredera de la anterior, pero que, en coherencia con los nuevos tiempos, tenía rasgos propios por su proximidad temporal con el primer franquismo.

A medida que el sistema político se fue consolidando, fundamentalmente tras los acuerdos con Estados Unidos, que a la postre fueron los que propiciaron el comienzo de la liberalización de la economía dieciséis años después, se fue fraguando un pacto de clase —las viejas y las nuevas élites— que incorporó con éxito las antiguas técnicas del clientelismo. Es decir, una especie de pacto tácito entre el poder político y los grupos de interés que veían en la dictadura su tabla de salvación en la medida en que el sistema político era capaz de garantizar la paz social y la seguridad jurídica que la República no pudo o no supo proveer por las difíciles circunstancias con las que tuvo que lidiar desde el primer día de la proclamación. Algo que explica la constante presencia de la élite empresarial en las Cortes franquistas en aras de lograr la captura del regulador.

Para el franquismo, por el contrario, y a modo de contraprestación, era una concesión a la vieja aristocracia financiera que buscaba un lugar al sol, pero que aún controlaba los resortes industriales de Cataluña y el País Vasco, y sin los que el nuevo Estado no podía arrancar. Una aristocracia que había pagado caro los costes de la guerra. Se ha estimado que durante la contienda murieron ciento setenta y siete aristócratas que reunían doscientos cuarenta y seis títulos nobiliarios. Es decir, falleció alrededor del 10 % de la aristocracia, un porcentaje que no tiene parangón en relación con cualquier otro estamento social.

Expresado de una forma más directa, para el franquismo se trataba de hacer compatible el dirigismo y la planificación económica en el marco de un sistema totalitario, que acabaría siendo de naturaleza autoritaria, con la necesidad de mantener principios de libre empresa a partir de la segunda mitad de los años cincuenta. Un delicado equilibrio que la dictadura pudo mantener hasta el final de sus días.

El acuerdo en la sombra entre la burguesía y el franquismo no tenía formalidad alguna más allá de los gestos simbólicos, pero estaba a la vista de cualquier observador independiente, y pasaba porque los empresarios no alentaran la demolición, aunque fuera parcial, del régimen, lo que sin duda se consiguió pese a las presiones externas, aunque en honor a la verdad hay que decir que nunca fueron especialmente intensas habida cuenta del papel que empezaba a jugar España en la división internacional del trabajo: mano de obra barata y seguridad jurídica para la inversión extranjera.

Algunos lo han llamado la paz de los cementerios. Sin huelgas y con un mercado cautivo por ausencia de competencia exterior e interior, no había razones para oponerse a la dictadura. Por el contrario, lo recomendable era colaborar con ella, ya que garantizaba el control de determinados mercados. Y para ello, ya en el segundo franquismo, al comienzo de la apertura económica, fueron fundamentales los llamados planes de desarrollo, que eran el incentivo legal y económico que diseñó el sistema para promover la iniciativa privada ante la manifiesta ineficiencia del sector público. Lo significativo era que el cambio no sólo venía empujado por la presión exterior, sino que también partió del propio régimen, ya que sus protagonistas venían de dentro del sistema.

Al igual que sucedió en la Transición, diseñada por altos cargos del Movimiento —Suárez, Pío Cabanillas o Martín Villa— el Plan de Estabilización se nutrió de dirigentes muy cercanos a Carrero Blanco, que era el sucesor natural de Franco. De alguna manera, recuerda a lo que en su día se llamó el harakiri del régimen, cuando las Cortes franquistas —cuatrocientos veinticinco procuradores votaron a favor, cincuenta y nueve, en contra y trece abstenciones— aprobaron la Ley para la Reforma Política, que finalmente fue su suicidio político.

Los planes de desarrollo, con la distancia propia que separa a una dictadura de una democracia, se inspiraron de alguna manera en la planificación económica francesa, que siempre encontró un espacio entre el libre mercado y la economía con una fuerte presencia del sector público.

En la España del desarrollismo, el Estado, a cambio de que los empresarios invirtieran en los sectores que el Gobierno consideró prioritarios, por ejemplo el turismo o la construcción, multiplicaba las ayudas y mantenía un sistema oligárquico en el que unas pocas empresas, en la mayoría de los casos muy vinculadas a los bancos, tenían asegurada una determinada cuota de negocio gracias a su poder de mercado.

Los planes funcionaron en unos momentos en los que en España, que estaba dejando atrás las primeras dos décadas del franquismo, estaba casi todo por hacer. Sólo había un problema y no era pequeño. Las adjudicaciones, con una oferta pequeña de empresas, ya que sólo podían acceder las que estuvieran más vinculadas al régimen, no tuvieron en cuenta un análisis riguroso costes-beneficios, lo que a larga generó cuantiosas ineficiencias y desequilibrios presupuestarios para el sector público.

Muchas de las adjudicaciones, de hecho, tenían más que ver con las preferencias políticas que con una necesidad económica real, lo que se tradujo en corrupción y tráfico de influencias. Cuando ese modelo de asignación de recursos públicos quebró, y ante la ineficiencia del sistema productivo para competir en mercados abiertos, lo que se produjo fue una avalancha de cierres patronales que obligó a destinar cuantiosos fondos del Estado para paliar sus costes sociales.

En definitiva, lo que se fraguó fue una especie de pacto de sangre, más que de caballeros, que sólo comenzó a resquebrajarse a partir de 1970, cuando al calor del Acuerdo Económico Preferencial con la Comunidad Económica Europea, que redujo de forma significativa los aranceles para toda clase de bienes, las fronteras comenzaron a disiparse y se descubrió negro sobre blanco que el sistema económico del franquismo estaba desnudo.

Aquel acuerdo fue firmado por el ministro de Exteriores Gregorio López Bravo de Castro, aunque en realidad quien lo había dejado casi todo cerrado era Alberto Ullastres, primer embajador de España ante la Comunidad Económica Europea (CEE). Tanto López Bravo, como se le conocía, fallecido a mediados de los ochenta en un accidente de avión en el monte Oiz (Vizcaya), como Ullastres pertenecían al Opus Dei, sin duda el grupo de presión más influyente de la España de los años sesenta. Ambos, junto con Mariano Navarro Rubio, desde el Ministerio de Hacienda, fueron la vanguardia del cambio económico, teniendo que enfrentarse, incluso, a los viejos lobbies que sobrevivían en el nuevo Estado, como las cámaras de comercio de Bilbao o de Barcelona, que presionaron para mantener sus privilegios proteccionistas.

La importancia del Acuerdo Preferencial fue tal, a veces oscurecido por las tensiones con los falangistas de primera hornada, siempre recelosos del capitalismo del segundo franquismo, que no se puede entender lo que pasó en España entre 1957, cuando Ullastres fue nombrado ministro de Comercio, y 1975, cuando el régimen se desmoronó tras la muerte de Franco, sin el concurso de la prelatura fundada a finales de los años veinte por Josemaría Escrivá de Balaguer.

No sólo durante los años de su presencia en los distintos gobiernos de Franco, sino, sobre todo, por su capacidad de influencia intelectual a través de lobbies o centros de pensamiento como la Asociación para el Progreso de la Dirección (APD) o la escuela de negocios IESE, el primer centro creado específicamente para la formación de altos directivos.

Por Dios, por España y por Franco

La presencia de miembros del Opus Dei en los gobiernos de Franco no fue cuantitativamente muy significativa, apenas ocho de un total de ciento dieciséis, pero sí cualitativamente —Alberto Ullastres, Mariano Navarro Rubio, Laureano López Rodó y Gregorio López Bravo— a la vista de los importantes puestos que ocuparon. El primero, como ministro de Comercio, el segundo, como titular de Hacienda y gobernador del Banco de España, el tercero, como ministro comisario de los planes de desarrollo, y el último como ministro de Industria y de Exteriores, desde donde presionó para convencer a Franco de que había que volver a tener relaciones diplomáticas con la Unión Soviética. Sólo lo consiguió parcialmente.

En favor de los tecnócratas, el apelativo que les pusieron los falangistas, y en particular en el caso de López Rodó, hay que decir que en sus equipos se integraron gentes ajenas al Opus, como los economistas Fabián Estapé, Enrique Fuentes Quintana, José Barea, Juan Velarde o un catalanista moderado y de origen republicano como era Juan Sardà.

Su influencia no sólo se reflejó en el primer nivel del organigrama —ministros o subsecretarios—, sino también en los mandos intermedios, donde la capacidad de presión era mayor. Algo que siempre aprovecharon los falangistas, desde la Secretaría General del Movimiento, para hablar de forma peyorativa de «los ministros del Opus» pese a que Franco nunca tuvo dudas en protegerlos siempre y cuando fueran útiles para la supervivencia del régimen.

Fueron, en todo caso, casi casi dos décadas de enorme influencia —hoy menguada, aunque todavía significativa— en las que el franquismo, de alguna manera, quiso imitar la estrategia que siguió Gran Bretaña a lo largo del siglo XIX para impulsar su desarrollo económico. Primero, mediante el apoyo a la creación de grandes corporaciones industriales a través de un proteccionismo a ultranza y, posteriormente, cuando el Gobierno entendía que existía una masa crítica suficiente para poder competir en los mercados internacionales, a través del impulso de las liberalizaciones. El Estado recibía menos recursos vía aranceles, pero, a cambio, podría aumentar la recaudación gracias al mayor volumen de actividad.

En otras ocasiones se siguió el camino inverso. Primero crecieron sectores sin protección alguna, como el algodón o la siderurgia en la Inglaterra de la primera revolución industrial, y, posteriormente, cuando la empresa había alcanzado un determinado tamaño, se transformó en un grupo de presión cuyo único objetivo era que no entraran nuevos jugadores aprovechando su capacidad de influencia sobre un Estado a menudo débil y poco transparente.

Ambas estrategias tienen algo en común: antes o después necesitan del poder político, y de ahí que no se pueda entender la reciente historia económica de España sin la confluencia de diferentes intereses hasta alcanzar un nivel de equilibrio, lo que permitió tanto la continuidad del régimen durante tan largo tiempo como la supervivencia de la propia empresa.

Como ha escrito el historiador económico Pedro Fraile, lo difícil es crear un grupo de presión verdaderamente eficaz, pero una vez logrado es muy complicado destruirlo. Existen múltiples evidencias. Las dificultades históricas que ha tenido España para tumbar los aranceles proteccionistas o los problemas que han tenido los sucesivos gobiernos a la hora de recaudar reflejan bien lo que ha sucedido.

Un personaje lleno de talento que encarna esta comunión de intereses es el ingeniero de caminos José María Aguirre Gonzalo, uno de los empresarios más relevantes de la España de la segunda mitad del siglo XX. Su gran obra, y nunca mejor dicho, fue Agromán, constructora que creó en compañía de Alejandro San Román, que sin miedo a exagerar puede considerarse la constructora del régimen. La Torre de Madrid, la Ciudad Universitaria, las factorías de Renault en Valladolid y Palencia y, sobre todo, miles y miles de kilómetros de carreteras, multitud de redes ferroviarias y un sinfín de puertos y obras públicas durante los años del desarrollismo llevan su sello. También el Valle de los Caídos, hoy Cuelgamuros, donde la compañía donostiarra participó en la perforación de la enorme roca de granito que delimita los perfiles de Cuelgamuros.

Aguirre Gonzalo era también banquero, lo que encaja perfectamente en el modelo de desarrollo del capitalismo español, donde los caminos entre industria y banca siempre se han entrelazado hasta acabar siendo lo mismo. El tercer cruce de caminos era el político y el propio Aguirre Gonzalo, que fue presidente del Banco Guipuzcoano, primero, y luego de Banesto, también pasó por las Cortes franquistas como procurador. Primero como representante del llamado tercio sindical y más tarde, desde 1960, fue el propio Franco quien lo designó.

El ingeniero Aguirre Gonzalo lo mismo figuraba en un consejo de administración de una empresa pública —Renfe— que levantaba sociedades que cumplirían un papel muy relevante en la industrialización del país, como Acerinox. Llegó a ser propuesto, incluso, ministro de la Vivienda por Franco en los años cincuenta, cargo que declinó para dedicarse a sus actividades empresariales y extraempresariales, como la formación de directivos, algo que necesitaba el régimen para atender el ingente proceso de transformación que se abrió tras el Plan de Estabilización. Su papel fue fundamental en el nacimiento de la Asociación para el Progreso de la Dirección (APD).

El caso de Eduardo Aznar Coste, el naviero vizcaíno, tiene ciertos paralelismos, aunque sin llegar a la importancia que tuvo Aguirre Gonzalo para la economía española, pero sintetiza bien la confluencia del cruce de intereses. Su nombre se halla vinculado a las más antiguas sociedades de la industria naviera y, por supuesto, a la banca como consejero del Banco Urquijo. Fue presidente de la Oficina Central Marítima, que no era otra cosa que una patronal del sector, y, como Aguirre Gonzalo, fue procurador en Cortes, donde fue asignado a las comisiones de comercio y obras públicas en representación del Sindicato Nacional de la Marina Mercante. El zorro cuidando las gallinas.

Aznar perteneció al círculo que frecuentaba a Franco, y más tarde impulsó la creación de Alianza Popular tras la disolución de las Cortes franquistas. Fue un representante más de una vieja tradición en el capitalismo español, en el que tanto la propiedad como los cargos de responsabilidad en las empresas familiares se traspasan de padres a hijos, asumiendo los hijos varones, como regla general, el protagonismo en la sucesión de las distintas generaciones.

Este rasgo no es, desde luego, exclusivo de la alta burguesía industrial española, pero la diferencia radica en que la presencia de gestores profesionales en la dirección de muchas compañías se retrasó bastantes décadas respecto de lo que ha sucedido en otros países, en particular Estados Unidos, donde ya a principios del siglo XX se profesionalizó la gestión, aunque los herederos siguieran teniendo un papel en calidad de máximos accionistas.

El naviero Aznar Coste era heredero de la dinastía de los Aznar, cuyos antepasados habían ocupado cargos de mucha relevancia en la Armada. El patriarca, Eduardo Aznar de la Sota, marqués de Bérriz, junto con su primo, Ramón de la Sota y Llano, levantó un impresionante conglomerado industrial, origen de la alta burguesía vizcaína, que incluía la construcción naval, la siderurgia, la minería y todo tipo de servicios marítimos, además de compañías eléctricas y bancos que operaban bajo la protección del Estado. Uno de los instrumentos fue la Asociación de Navieros de Bilbao, que había logrado primas de navegación y la cartelización del transporte de mineral y carbón a través del principal puerto vizcaíno.

En 1929, sin embargo, los primos comenzaron a distanciarse, aunque el gran divorcio se produjo en 1937 tras la entrada de las tropas franquistas en Bilbao. Los De la Sota, nacionalistas y republicanos, se vieron obligados a huir de España para no ser detenidos, y fue entonces cuando los Aznar, aliados del régimen y apoyados por el

Banco de Vizcaya, adquirieron las acciones que había expropiado el Estado a la familia De la Sota, lo que en la práctica revela la importancia de la fidelidad al régimen para hacer negocios.

Gracias a esa comunión, los Aznar tuvieron acceso a una financiación privilegiada por parte de la banca pública, lo que hizo posible que pudieran disponer de capital suficiente para aumentar su tamaño. Está acreditado que los Aznar dispusieron de una financiación extraordinaria aprobada por el Banco de Crédito a la Construcción, en la que intercedió el propio general Franco y el almirante Nieto Antunes, ministro de Marina durante un largo periodo de tiempo y paisano ferrolano del propio general.

Un paisano del primer Aznar, Isidoro Delclaux Aróstegui, refleja, igualmente, la integración de la burguesía vasca con el franquismo más fanático. Vicepresidente durante más de treinta años de la Junta de Obras del Puerto de Bilbao, había combatido como requeté en el lado nacional durante la guerra, y los importantes intereses familiares en la industria del vidrio le permitieron jugar un papel fundamental en el relanzamiento de la vieja aristocracia de Neguri. Siempre ligado a la banca, a la Cámara de Comercio y a la Diputación de Vizcaya, fue, como tantos otros, procurador en Cortes, lo que era coherente con la concepción del Estado-partido en el que casi siempre quiso moverse el franquismo.

Es en este contexto, de clara colusión de intereses entre la gran empresa privada y el Estado autárquico que necesitaba socios para sobrevivir, en el que hay que situar el nacimiento de la Asociación para el Progreso de la Dirección (APD), uno de los lobbies mejor engrasados del país, y cuya importancia, aunque poco conocida, es radical. No sólo durante las postrimerías de la dictadura, sino también durante la Transición democrática en la medida en que cuando muere Franco esos empresarios que habían sido beneficiados por la política económica del régimen a cambio de que no se metieran, precisamente, en política se encuentran huérfanos.

El caso más claro fue el de la banca, a la que el Estado le decía cuál sería el tipo de interés oficial del activo y a cuánto se debería remunerar el pasivo, por lo que era un negocio apenas sin riesgo. El margen, la diferencia entre el coste del activo y el pasivo, era lo que podría ganar la banca, que a cambio de no decir nada sobre una política todavía muy intervencionista obtenía enormes beneficios y podía crear su propio grupo industrial sin apenas interferencias del Estado. Lo importante eran los dividendos. El caso del sector eléctrico era todavía más evidente debido a que era, y aún lo es, muy regulado, lo que le hacía en la práctica muy dependiente del Boletín Oficial del Estado (BOE). En definitiva, un negocio cerrado muy supeditado a la proximidad ideológica.

Esto no significa, sin embargo, que los empresarios se mantuvieron inmóviles. Al contrario, mutaron en coherencia con las transformaciones que sufría la España del desarrollismo, que poco a poco iba alejándose de la guerra civil.

Su primer presidente fue Enrique García-Ramal, un ingeniero falangista que ocupó cargos de mucha relevancia durante la dictadura, donde llegó a ser delegado nacional de los sindicatos verticales y, posteriormente, ministro de Relaciones Sindicales en el único Gobierno de Carrero Blanco, quien desde la sombra del franquismo, como subsecretario de Presidencia, había respaldado a los tecnócratas del régimen para impulsar el cambio político.

Y nada mejor que un instrumento como la APD, nacida en 1956, para que se convirtiera en la gran cantera de los empresarios que ya no tenían nada que ver directamente con la guerra civil y que apostaron por la apertura del régimen.

García-Ramal, que fue presidente de la APD hasta 1970, procedía, como tantos otros, de Renovación Española, el grupo monárquico que nada más estallar la guerra se integró en Falange. Su relevancia radica en que si en los años cuarenta las élites empresariales tuvieron una actitud pasiva ante la hegemonía total del régimen, a partir de la segunda mitad de los cincuenta, y a medida que la Organización Sindical, donde teóricamente estaban patrones y obreros, se resquebrajaba a consecuencia de los cambios sociales y económicos, su influencia fue en aumento. Entre otras razones porque ya creada la CEE el sueño del franquismo —tras ser aceptado por los organismos económicos multilaterales como el Banco Mundial, el Fondo Monetario Internacional o la OCDE— pasaba por integrarse en el Mercado Común, lo que nunca logró pese al empeño que siempre mostraron los sectores más aperturistas del régimen. El mensaje que quería enviar Bruselas era claro: mientras que España fuera una dictadura nunca entraría en la organización.

El franquismo, sin embargo, también enviaba señales. Y la promulgación en 1958 de la Ley de Convenios Colectivos, que permitía la creación de enlaces sindicales en representación de los trabajadores, fue significativa. Los empresarios, por primera vez desde 1939, podían negociar las condiciones laborales con una cierta autonomía respecto de la Organización Sindical. Dirigentes sindicales como Marcelino Camacho, Nicolás Redondo o Julián Ariza aprovecharon la ocasión para comenzar a crear estructuras sindicales.

Hay que decir, sin embargo, que el contexto para los empresarios era inmejorable. Tanto el derecho de huelga como la libre afiliación sindical estaban prohibidos, lo que les daba un enorme poder de negociación en los tajos y en las fábricas. No sólo ante los trabajadores, sino ante el propio régimen, cuyo carácter paternalista en las relaciones laborales, salvo en las postrimerías del franquismo, siempre fue evidente.

La apertura: luz al final del túnel

Esa apertura del régimen fue, precisamente, la que posibilitó que una organización como el Cercle d'Economia, creada inicialmente con el subterfugio de ser una entidad dedicada al ajedrez, pudiera acogerse a la nueva ley de asociaciones, lo que le permitió convertirse ya en un grupo de presión más o menos organizado, aunque siempre vigilado por el régimen, obsesionado con que los empresarios no se metieran en política.

Había una diferencia con Fomento. Mientras que la veterana patronal catalana, no siempre con un comportamiento venerable, sólo buscaba custodiar los intereses de sus asociados, el Cercle nacía en un contexto muy distinto. Es un lobby, no una estructura de representación. El Mercado Común acababa de constituirse y el régimen necesitaba dar un golpe de timón impulsando a los tecnócratas frente a los camisas viejas que ganaron la guerra, por lo que su marco de actuación tuvo mayor relevancia en el plano ideológico que en uno estrictamente mercantil.

Tan vigilado estaba el Cercle en sus primeros años de vida que cuando al inicio de los setenta, tras haber cristalizado muchos de los cambios sociales que trajo el Plan de Estabilización, un grupo de jóvenes empresarios liderados por Ferrer Salat y Mas Cantí quiso asaltar la patronal Fomento para renovar su franquista junta directiva, la derrota fue sin paliativos. El elegido fue Félix Gallardo, primer teniente de alcalde de Barcelona y hombre de total sintonía con el régimen. Hubo que esperar a 1977 para que las patronales se pudieran elegir democráticamente.

Se puede pensar que aquella fue una pelea generacional entre insignes representantes de la burguesía catalana, pero eso sería un tanto reduccionista. Entre otras razones, porque el cambio en la correlación de fuerzas que trajo el desmoronamiento del franquismo propició una nueva mayoría política en Cataluña, y se tradujo en el nacimiento de Convergència, que tendría una influencia superior en el conjunto del Estado durante la era de Jordi Pujol, que convirtió a lo que entonces se denominaba Minoría Catalana en el principal grupo de presión del país.

Ya antes, el Cercle había dejado por escrito en uno de sus documentos internos lo que pretendía:

> Lo que llamamos «plataforma catalana» [...] estriba en cohesionar a grupos catalanes con parecidos objetivos para actuar como verdadero grupo de presión. Aunar, para cuestiones relevantes, a la Cámara [de Comercio], a la Feria [de Barcelona], el Fomento [del Trabajo], periódicos, algunos grupos bancarios catalanes, etc., para constituir un frente común de opinión y de presión.

Lo realmente novedoso es que el radio de acción de las élites empresariales catalanas ya no tendría sus límites en Cataluña, sino que se trasladaba a Madrid, como en los viejos tiempos de Cambó. En concreto, al Congreso de los Diputados «para establecer contactos con personalidades de la vida política y económica nacional».

De lo que se trataba en definitiva, y ante la inminencia del cambio político, era de influir en decisiones como la política de nombramiento en las cajas de ahorros, en las diputaciones y en cualquier institución donde se adoptaran decisiones que pudieran afectar a sus intereses. Sin duda, en un ambiente europeísta, pero también con un fuerte componente nacionalista, como lo demuestra lo sucedido en las décadas posteriores.

La relevancia de la APD o del Cercle es importante no sólo en ese periodo histórico, el que significó la mutación de un sistema totalitario a uno de carácter autoritario, sino porque ya liquidado el régimen, en los años ochenta, sirvieron de plataforma para consagrar el pacto entre la nueva élite socialista que llegó al poder en 1982 y la vieja oligarquía que creció al calor del franquismo, pero que a medida que se hundía el régimen protagonizó el cambio político y económico derivado del ingreso de España en la CEE. Y que además se mostraba satisfecha con el nuevo Gobierno socialista porque emprendió una reconversión industrial que sólo se podía hacer desde la izquierda, que suponía retirar del mercado importantes empresas del sector público que no sólo sangraban las cuentas del reino, sino que eran competencia desleal debido a la política de subvenciones.

La APD, por decirlo de alguna manera, ha sido el engranaje necesario para acercar procesos políticos entre diferentes generaciones después de que Felipe González —que había aprendido del fracaso reciente de Mitterrand— aceptara las reglas del mercado y se viera obligado a descartar —como le hacía ver la prensa de la época— la nacionalización de la banca. Tan sólo planteó el fortalecimiento de la banca pública hasta convertirla a medio plazo, como sostenía el programa del 79, en una «auténtica banca de depósitos» para competir con la banca privada. Nunca se logró ese objetivo. Probablemente, porque tampoco se pretendía, aunque fuera en el programa electoral.

Aquella alianza entre los jóvenes socialistas y parte de la vieja guardia del INI dio sus frutos en El Bodegón, en la calle Pinar, en Madrid, en los aledaños de la calle Serrano, y es realmente el origen de lo que durante un tiempo se llamó la *beautiful people.* Lo que había cambiado para los empresarios, en realidad, era que la forma de aproximarse al poder ya no era meramente ideológica, como en el franquismo, sino pragmática. Lo importante eran los resultados y no si el gato era negro o blanco.

En uno de esos encuentros fue donde Felipe González aseguró con cierta solemnidad a sus comensales que no tenía ninguna intención de nacionalizar nada en caso de llegar al poder, salvo la red de alta tensión. Los destinatarios eran algunos de los viejos funcionarios del INI como Juan Miguel Antoñanzas (Seat) y, sobre todo, Claudio Boada, presidente del Instituto Nacional de Hidrocarburos (INH), quien había conocido a Miguel Boyer cuando este era subdirector del servicio de estudios del organismo, y que fue realmente quien hizo de puente entre las dos Españas *a priori* irreconciliables.

Pero también una parte de la nueva burguesía industrial representada por el Círculo de Empresarios, donde cohabitaban José María López de Letona (Banesto), Mario Caprile (Huarte), Rafael del Pino (Ferrovial) o Enrique

Moya (Prosegur). Al otro lado, los jóvenes políticos del PSOE a las puertas de llegar al poder: Miguel Boyer, Carlos Solchaga, Enrique Barón o Joaquín Almunia. Y a un lado, en una posición alejada del poder político, pero con ínfulas de llegar a acceder a sus privilegios, advenedizos como Mario Conde o Juan Abelló, que tras vender Antibióticos a la italiana Montedison en 1987 por unos trescientos cincuenta millones de euros de la época —lo que hoy equivaldría a unos mil cincuenta millones de euros— pusieran el sistema financiero patas arriba con su entrada en Banesto. Lo que buscaba la pareja financiera más famosa de los años ochenta era controlar la imponente cartera industrial del banco, y eso fue, precisamente, tras la crisis del 92, lo que se los llevó por delante. Ironías del destino.

La irrupción de Mario Conde, en realidad, significó la ruptura del orden institucional en el sistema financiero, donde las reglas, históricamente, se han basado en un pacto de no agresión entre el poder político y el bancario. Lo que hizo caer a Conde, al margen de sus problemas penales, fue, precisamente, intentar quebrar el *statu quo.*

Su caída demostró que el sistema es inclemente cuando se pone en funcionamiento y que en pocos años se puede pasar de recibir el doctorado *honoris causa* por la Universidad Complutense, con asistencia del rey Juan Carlos y de la plana mayor del capitalismo patrio, a una celda oscura de Alcalá Meco. A todo un marqués de Salamanca le pasó lo mismo. Cuando Alfonso XII lo iba a visitar a su residencia de los carabancheles, en la que ya era moroso, el monarca entregaba dinero a su lacayo para que pudiera alimentarse el financiero malagueño, el mejor representante de una forma de hacer negocios a la sombra del poder. Ser grande de España no siempre da de comer.

7
La nueva aristocracia económica

«"Lemóniz, no; pero Valdecaballeros, sí", me decía contrariado Rodríguez Ibarra», cuenta un antiguo ministro socialista para explicar la batalla que se produjo en la primera mitad de los ochenta a cuenta de lo que se llamó parón nuclear. La moratoria, en contra del imaginario colectivo, no fue una imposición del joven Gobierno socialista a las eléctricas. Por el contrario, también estaba interesado el propio sector, que había quedado atrapado por montañas de deudas contraídas en los años de vino y rosas, inmediatamente antes de los dos choques petroleros de los años setenta.

Las deudas tenían un solo objetivo: financiar un ambicioso programa nuclear que llevaría la prosperidad a regiones deprimidas, como Extremadura, y de ahí la queja amarga del expresidente socialista, que se negaba a que el parón nuclear pudiera afectar a la futura central de Valdecaballeros.

El programa había formado parte de los acuerdos de colaboración —bases militares a cambio de reconocimiento político y financiación exterior— firmados entre Madrid y Washington en 1953, y su principal beneficiaria fue una empresa estadounidense, Westinghouse, que pobló el país de reactores nucleares financiados por Eximbank, la agencia de créditos para la exportación de Estados Unidos, y, posteriormente, por la banca nacional, que encontró en la construcción de centrales una vía de negocio. Entre otras razones, por su posición privilegiada en el accionariado de las eléctricas.

Para ello fue clave, como ocurre habitualmente con los grupos de presión, convencer a la opinión pública, aunque a decir verdad la capacidad de respuesta en plena dictadura era insignificante, de que lo nuclear era sinónimo de modernidad y progreso, lo que explica que el 13 % de las noticias científicas emitidas en el NO-DO en la segunda mitad de los años cincuenta y los primeros sesenta tuviera que ver con la energía nuclear.

La programación, aunque habría que hablar de propaganda, estaba inspirada en la campaña Átomos para la Paz —título de un célebre discurso de Eisenhower ante Naciones Unidas en 1953— que puso en marcha el Gobierno de Estados Unidos tras las bombas de Hiroshima y Nagasaki, cuyo lanzamiento levantó oleadas de rechazo entre amplias capas de la sociedad. En España, por el contrario, ni siquiera el accidente de Palomares, cuando un bombardero B-52 chocó con otro avión y dejó caer por accidente cuatro bombas de hidrógeno sobre las aguas de Almería, causó un gran impacto social.

Átomos para la Paz, además del componente propagandístico, ofrecía un programa de colaboración público-privada habida cuenta del enorme consumo de capital que exigía la inversión en centrales nucleares, tanto desde el punto de vista de su funcionamiento, de la gestión de los residuos, como del gasto en seguridad. Sin incluir las restricciones en su uso por su vertiente militar, lo que añadía un mayor control.

Aplicar este esquema en un país en el que había una dictadura, antes aliada de los gobiernos totalitarios de Alemania e Italia, no era fácil, pero aun así funcionó gracias a uno de los hombres clave del desarrollismo, Gregorio López Bravo, a quien Alberto Ullastres, ministro de Comercio, situó al frente del IEME (Instituto Español de Moneda Extranjera).

López Bravo, que antes había pasado por la Junta de Energía Nuclear, durante el año y medio escaso que estuvo al frente del Instituto pudo desenredar la madeja que había construido el franquismo más duro y autárquico en torno a las relaciones con el exterior, y que impedían la inversión extranjera. Durante su mandato, de hecho, se resolvió uno de los asuntos más peliagudos, la convertibilidad de la peseta, una cuestión clave para que pudiera llegar el capital extranjero.

Como responsable del IEME, igualmente, maduró la estrategia del Gobierno ante la expansión de la energía nuclear vinculando el programa al sector privado, que es lo que quería Estados Unidos. No es de extrañar que en julio de 1962, *The New York Times* llegara a la conclusión de que «el nombre del señor López Bravo —ya como ministro de Industria— se considera como una invitación al capital extranjero en el desarrollo económico español».

Lo que se decidió es que el marco legal seguiría controlado por el Estado, pero la gestión sería privada. Ese esquema dejaba fuera al INI, lo que propició que su presidente, Juan Antonio Suanzes, siempre con voz propia dada su cercanía al jefe del Estado, montara en cólera. De hecho, esta fue una de las causas de su dimisión y el fin formal de la autarquía con la salida del hombre a quien Franco había confiado la política industrial.

No sólo Estados Unidos financió las centrales nucleares españolas. También el Estado francés financió enteramente la construcción de la central nuclear de Vandellós. El préstamo cubría el coste total de instalación de la central. La compañía Hispano-Francesa de Energía Nuclear (Hifrensa) fue la responsable de la construcción y la beneficiaria del préstamo de noventa y dos millones de dólares de la época. Poco puede extrañar que en pocos años España se convirtiera en el país europeo donde más rápido se desarrollaba la energía nuclear, y como es obvio, por la falta de tecnología propia, en el mayor comprador del mundo de tecnología estadounidense.

Como detrás de cada gran negocio hay siempre un grupo de presión, así es como nació en 1962 el Fórum Atómico Español, cuyo nombre no dejaba lugar a dudas sobre los intereses que defendía, y aún hoy lo hace, aunque con otra identidad y, evidentemente, en un contexto muy diferente.

Su primer presidente no podía ser otro que José María de Oriol y Urquijo, el gran patrón del sistema eléctrico, siempre fiel a la causa monárquica de don Juan de

Borbón, pero también devoto del franquismo como procurador en Cortes —fue uno de quienes votaron en contra de la reforma política impulsada por Suárez— y miembro del Consejo de Economía Nacional, cargo que compaginó con la presidencia del lobby nuclear hasta 1969 en su calidad de primer ejecutivo de Hidroeléctrica Española. O de «la española», como les gustaba decir a sus contertulios. El Consejo era un órgano consultivo que sólo tuvo alguna relevancia en los años previos al Plan de Estabilización, ya que sus miembros, la flor y nata de la economía y de los negocios, eran nombrados directamente por el jefe del Estado.

La labor del Fórum fue impagable para convencer a la opinión pública a través de seminarios, jornadas anuales y toda suerte de actividades propagandísticas de la necesidad de impulsar la energía nuclear como fuente de desarrollo para un país que históricamente ha tenido insuficiencia hídrica para generar energía.

Las actividades propagandísticas se intensificaron a partir de 1979, en los albores de la democracia, cuando el accidente nuclear de Three Mile Island, cerca de Harrisburg, estado de Pensilvania, levantó a una parte importante de la opinión pública contra la energía nuclear, hasta el punto de poner en riesgo su papel en la planificación energética. Algo que llevó al Fórum a poner en marcha una costosa campaña en medios de comunicación en defensa de la opción nuclear y en contra de lo que denominaba en sus boletines informativos un «problema psicológico».

Entre su público objetivo estaban los profesores de segunda enseñanza, quienes fueron bombardeados, valga la expresión, con seminarios y charlas para que estos, a su vez, arrojaran sobre sus alumnos los mensajes que quería transmitir el Fórum. El propio lobby estimó en una publicación interna que sus redes de información habían llegado a unos cinco mil profesores que tenían alguna influencia de una manera o de otra sobre dos millones de alumnos. «Estamos realizando la siembra —decía ya en los años noventa su presidente, Alfonso Álvarez Miranda— de una cosecha que será recogida por otros».

El Fórum ya había cosechado éxitos anteriores. En 1975, en enero, el Gobierno aprobó el primer Plan Energético Nacional (PEN), en el que la fuente más beneficiada habría de ser —no cabían sorpresas— la energía nuclear, que si en aquellas fechas aportaba el 7 % de la generación —por entonces la mayoría de los reactores estaban en construcción— se pretendía que llegara al 57 % en 1985.

Las proyecciones eran a todas luces descabelladas debido a que ignoraban las consecuencias del choque petrolífero de octubre de 1973 coincidiendo con la efeméride del Yom Kipur que provocó el embargo del petróleo —y posteriormente el de 1979— que habrían de sumir al mundo en una profunda recesión —desplome de la demanda eléctrica— por la consiguiente subida de los tipos de interés para contener la inflación. No puede extrañar que el último ministro de Industria de Franco fuera el propio Alfonso Álvarez Miranda, un ingeniero de minas, quien sin solución de continuidad fue nombrado presidente del Fórum Atómico Español tan sólo meses después de dejar el cargo. Hoy se llamaría puertas giratorias.

Esta realidad —la clara influencia de un grupo de presión sobre un sector tan estratégico como es la energía— es la que comenzaría a cambiar a partir de mediados de los años ochenta, aunque nunca del todo. En particular, porque la adhesión a Europa obligó a crear una arquitectura institucional más exigente con el tráfico de influencias. De hecho, la capacidad de presión de los grupos de interés en democracia —que hoy por hoy carecen de regulación— se vio muy debilitada en las Cortes, ante el propio Gobierno o, incluso, ante los agentes sociales en cuestiones de política económica general, como, por ejemplo, la posibilidad de reformar el mercado de trabajo en la medida en que los sindicatos ya eran fuertes y tenían ellos mismos poder de negociación.

En sentido contrario, la irrupción de la España autonómica creó nuevos escenarios en los que operar a medida que las regiones iban aumentando sus competencias. Se puede decir, de hecho, que se ha producido un desplazamiento de la capacidad de presión de los grupos de interés del centro a la periferia. Aunque parezca mentira, habría que esperar a 1989 para encontrar en la legislación española un Tribunal de Defensa de la Competencia.

En todo caso, aquello explica que cuando Felipe González declaró la moratoria nuclear, el sector, endeudado hasta las cejas, apenas diera guerra porque lo veía como una batalla perdida. Entre otras razones, porque la deuda estaba afectada al plan nuclear. Las eléctricas, ante la evidencia de que no disponían de músculo financiero suficiente para afrontar una política de inversiones muy exigente en capital como es la construcción de centrales nucleares, «estaban entregadas», como sostiene un alto cargo de la época.

El personaje clave de aquellas negociaciones fue el ingeniero Manuel Gómez de Pablos, probablemente quien mejor conocía el sector, con cierta influencia sobre el Gobierno. No era socialista, pero su mano izquierda con el poder y su espíritu constructivo le hicieron tener relaciones cordiales con la cúpula del ministerio. Los tiempos habían cambiado y la vieja UNESA, constituida en 1944, en los períodos más duros del franquismo, había perdido su posición privilegiada respecto del Gobierno de turno, aunque nunca del todo gracias a su capacidad para penetrar en los cenáculos donde se toman decisiones en la medida en que se trata de un sector altamente regulado.

De hecho, se puede decir que a rey muerto, rey puesto. Y ante la caída en desgracia de la política nuclear como fuente principal de generación eléctrica por las ingentes cantidades de capital que exigía la puesta en marcha de centrales ahora hibernadas, y que acabaron siendo un monumento de hormigón al desarrollismo franquista, la vía que se exploró como alternativa fue el gas natural.

Durán Farell, el moderno Cambó

Aquí el personaje central, y sin duda indispensable, fue Pere Durán Farell, un catalán al que le hubiera gustado ser Cambó, cuya principal aportación a la política nacional fue haber convertido al regionalismo catalán en un partido de gobierno en Madrid, como décadas después hiciera Pujol con Convergència i Unió.

Durán Farell, sin embargo, nunca llegó a tener la capacidad de influencia del líder de la Lliga, y mira que lo intentó. En ocasiones con éxito innegable. Obviamente, porque los años ochenta y noventa no eran ya los de la Restauración, cuando el líder de la Lliga, de quien aprendió Jordi Pujol, se movía con soltura. Aun así, su influencia fue decisiva en la política energética del país. Sobre todo, por sus extraordinarias relaciones personales, no políticas, con Felipe González, aunque menos con sus ministros de Industria y Economía, que nunca entendieron que una compañía vinculada a la Caixa, Gas Natural, hoy Naturgy, se pudiera quedar en la práctica con la comercialización en el conjunto del país de una fuente de energía estratégica, casi en régimen de monopolio. Con el añadido de que la operación exigía acuerdos de aprovisionamiento internacionales en los que el Gobierno tendría mucho que decir.

Fue precisamente el tándem Solchaga-Aranzadi —ministros de Economía e Industria, respectivamente—, el que obligó a reformular un acuerdo que en la práctica era una subvención encubierta a Catalana de Gas, presidida por

Durán Farell, debido a que el precio de las importaciones se situaba por encima de los costes variables. Como cuenta un protagonista de la época, «no sabes lo difícil que fue hacer esto porque el lobby que había montado Durán Farell a la catalana era inenarrable».

En la operación de lobby no sólo estaban los convergentes de Jordi Pujol, sino también el PSC, los socialistas catalanes, el Partido Popular y hasta el CDS de Adolfo Suárez.

El propio Durán Farell, que siempre tuvo algo de visionario, había tenido buenas relaciones con el régimen anterior, siempre obsesionado por encontrar energías alternativas para asegurarse un suministro del que España carece por falta de recursos naturales. En particular, desde los tiempos de Gregorio López Bravo, el carismático ministro de Industria del desarrollismo y hombre clave del grupo de los tecnócratas, como Laureano López Rodó, el más respetado, y José María López de Letona, lo que se llamó en su día el Gobierno de los «López». Todos ellos dirigidos en la sombra por el almirante Carrero Blanco desde la Subsecretaría de Presidencia, desde donde se las tuvo tiesas con los falangistas. En particular con José Antonio Girón, siempre fiel al fascismo español.

En contra de lo que suele creerse, el concepto de soberanía energética no es sólo un asunto actual, sino que estaba en el centro de las preocupaciones de los gobiernos europeos surgidos tras la Segunda Guerra Mundial. Principalmente, aquellos con un componente más nacionalista, como era el caso del régimen franquista, o la Francia de De Gaulle, a quien de alguna manera quiso imitar la dictadura por su apuesta con la energía nuclear.

El franquismo, de hecho, y en razón de una política pragmática, nunca le hizo ascos a tratar con regímenes socialistas como el que se creó en Argelia tras la independencia. El propio López Bravo visitó Argel en enero de 1964 para entrevistarse con el ministro de Economía de aquel país y asegurarse la llegada a España de gas natural, aunque sin molestar a Marruecos, que seguiría siendo un socio estratégico en lo comercial en el marco de las tradicionales buenas relaciones entre la dictadura y los países árabes. Mucho tiempo después, Enrique Fuentes Quintana, ya ejerciendo como vicepresidente del Gobierno, recordaba que Adolfo Suárez era un «milagrero», como el profesor lo llamaba con aprecio, y a menudo le decía:

—Enrique, si necesitamos petrodólares [para comprar crudo] yo te los traigo, sólo hay que visitar los países árabes.

Fue el propio Franco quien inauguró en 1970 la planta de Barcelona de licuefacción del gas procedente de Libia, que era trasladado en metaneros, y que una vez regasificado era distribuido por Catalana de Gas, la empresa de Durán Farell, que finalmente se constituyó como la Corporación Industrial Catalana. Posteriormente, en 1972, suscribió con la empresa pública argelina Sonatrach un contrato adicional que aseguró el suministro durante quince años, convirtiendo a la sociedad española en el tercer cliente de Argelia.

De aquella corporación llegaron a colgar a principios de los años ochenta nada menos que diecisiete empresas que operaban en sectores como la química y la electrónica, lo que refleja los sueños de grandeza del empresario barcelonés, históricamente vinculado al Banco Urquijo, la entidad que siempre apostó por la industrialización del país hasta que tras su fusión con Bankunión, una entidad de la órbita del Hispano Americano que estaba muy tocada por la financiación fallida de una autopista, también de carácter industrial, fue vendida a la Banca March.

El destino quiso que aquella corporación de Durán Farell contribuyera de forma significativa a la quiebra del histórico Banco Urquijo, cuna de la industrialización española y semilla de algunos de los mejores economistas que ha tenido este país a través de su mítico servicio de estudios.

El banco, mediante la Sociedad de Estudios y Publicaciones, creada a finales de los oscuros años cuarenta, había favorecido la difusión de la ciencia, la literatura y la cultura dando cobertura económica a pensadores e intelectuales de la talla del filósofo Xavier Zubiri, Julián Marías, Dámaso Alonso, Ramón Carande, Joaquín Rodrigo o el arabista Emilio García Gómez, quienes habían sido marginados de la cultura oficial o separados de sus cátedras por el nuevo régimen. Nunca un banco había hecho un trabajo tan preciado para la sociedad civil ajena a la dictadura. Mucho antes que el Urquijo, había fracasado otro banco volcado en la financiación de la industria, el Crédito

Mobiliario Español, de origen francés, y que está detrás del nacimiento del antiguo Banesto.

El ingeniero Durán Farell había nacido en el seno de una familia humilde y todo el mundo coincide en que sus dotes de persuasión eran extraordinarias. Quienes lo conocieron, falleció en 1999, destacan su enorme capacidad para relacionarse con el poder, independientemente de si su interlocutor fuera de derechas o de izquierdas o, incluso, con los jerifaltes de la dictadura. Y el mejor ejemplo es la propia constitución de Gas Natural, que nació en la Moncloa en 1991 tras una reunión en la que el socialista Narcís Serra, por entonces vicepresidente del Gobierno, actuó de maestro de ceremonias. Se fusionaron Catalana de Gas y Gas Madrid, a las que se añadieron otros activos de distribución del grupo público Repsol.

La operación se completó en 1994, cuando el Consejo de Ministros aprobó la venta del 91 % de Enagás, entonces propiedad del Instituto Nacional de Hidrocarburos, a Gas Natural, lo que causó un formidable revuelo político. Tanto Izquierda Unida, en tiempos de Julio Anguita, como el Partido Popular de José María Aznar montaron en cólera porque se primaban los negocios de la Caixa —accionista de referencia de Gas Natural— y de Convergència i Unió, socio del Gobierno socialista, frente al interés general.

La venta se produjo con el aval indisimulado de Felipe González, siempre deshecho en elogios a Durán Farell, y la oposición frontal de Solchaga, Aranzadi y Óscar Fanjul, presidente de Repsol —el antiguo Instituto Nacional de

Hidrocarburos— que era a la postre la compañía más perjudicada por la operación.

Nada más salir del Gobierno los dos primeros, se aprobó aquella operación, lo que refleja la capacidad de persuasión de Durán Farell, apoyado por la burguesía catalana en unos momentos en los que desde el nacionalismo convergente el objetivo estratégico era *fer país* —hacer país—, como le gustaba decir a Pujol. Y nada mejor que asegurarse el suministro de una energía fundamental para el progreso económico de la región más industrializada de España, y que debía de competir en los mercados internacionales con costes lo más ajustados posible. Sin duda que se trató de un éxito político y económico tras los fallidos intentos de crear un sistema financiero propio, y que tuvo en el fracaso de Banca Catalana su mayor exponente.

En realidad, se trató de un ajuste de cuentas histórico en la medida en que a principios de los años setenta, y en plena hegemonía de los tecnócratas del régimen, resurgió la idea de considerar la distribución de gas como un sector estratégico para el Estado frente al butano, por entonces muy popular. Y fue el ministro de Industria, otro ingeniero de caminos, José María López de Letona, quien obligó a que Catalana de Gas —para mayor chasco de Durán Farell— cediera las riendas del sector a una nueva sociedad pública creada al efecto, Enagás, que hoy es el gestor de la infraestructura gasista con una participación mínima del Estado.

Con aquella expropiación forzosa, el decreto se publicó en 1971, se quería dejar claro quién mandaba en un negocio estratégico como lo era el aprovisionamiento de energía para uso en la industria y los hogares. En aquella decisión hubo mucha ideología y uno de quienes instaron a que el Estado tuviera el monopolio fue Luis Valero Bermejo, secretario de la Confederación de Combatientes, entonces presidente de Butano y del ala dura del régimen, quien meses después aprovechó un accidente presuntamente con gas natural ocurrido en Barcelona —dieciocho muertos— para arremeter contra Durán Farell y su idea de fomentar su uso en detrimento de la popular botella naranja. Nunca se han aclarado las causas que provocaron aquella masacre.

Durán Farell —un enamorado de los desiertos africanos— se vio en la obligación de transferir contra su voluntad la planta de regasificación de Barcelona y los contratos con Libia y Argelia. Igualmente, tuvo que aceptar que Catalana de Gas se mantuviese sólo como empresa distribuidora en Cataluña comprando el gas a la pública Enagás.

Paradojas de la vida, tres décadas después y ya con un Gobierno socialista, el negocio del gas volvía al ámbito privado, aunque conviene aclarar que el mercado de gas natural ha sido un negocio en el que tradicionalmente Cataluña ha llevado la iniciativa, siempre bajo la batuta de Pedro Durán Farell o Pere Duran Farell, dependiendo del momento histórico. Mientras que en Madrid se inauguró la fábrica de gas de Manoteras, que lo producía a partir de la nafta, una mezcla de distintos hidrocarburos, en Cataluña ya se pensaba en un gasoducto con el norte de África.

El ingeniero catalán había intentado construir una red de distribución entre Orán y Barcelona, lo que le obligó a tomar contacto con los dirigentes del Frente de Liberación Nacional argelino, de quienes se hizo cercano, lo que a la postre facilitó los primeros acuerdos de suministro entre el Gobierno de Felipe González y las autoridades argelinas, cuyo oficiante fue Alfonso Guerra, que siempre presumió de traer el gas a España, aunque en realidad se le adelantaron dos décadas los tecnócratas franquistas y el propio dictador, siempre muy sensible a lo que pasaba en el norte de África por su pasado militar en la región. La historia es a veces tan irónica que el propio Franco recibió un banquete homenaje en el hotel Palace, siempre el Palace, en junio de 1923 antes de regresar a África para hacerse cargo de la legión.

En todo caso, lo que quedaba claro con aquella operación era el valor de los diputados de la antigua CiU (Convergència i Unió), primero con el Gobierno socialista y, posteriormente, durante la primera legislatura de José María Aznar. Y casi siempre con un maestro de ceremonias como era Josep Antoni Duran i Lleida, el líder de Unió, instalado de forma estable, de lunes a jueves, en Madrid, en el hotel Palace.

Esta posición adelantada de Cataluña respecto de Madrid en materia energética era coherente con lo que había sido su tradición histórica. Cataluña, de hecho, fue una de las pocas regiones europeas que participó en la industrialización desde un primer momento, a finales del siglo XVIII. Fundamentalmente, como sucedió en Inglaterra, por la explotación del algodón a partir de la mecanización de su hilatura gracias a la adopción de la hiladora jenny, que redujo de forma extraordinaria la producción de hilo. Atrás quedaba el largo periodo de eclipse, como lo llamó el profesor Gabriel Tortella, que vivió Cataluña durante toda la Edad Moderna.

La operación Gas Natural supuso, en definitiva, el reforzamiento de la Caixa, por entonces algo más que una caja de ahorros, que comenzó volcada en labores asistenciales vinculadas a las pensiones tras un estallido social, pero que estaba dispuesta a jugar un papel nuclear en la política industrial del conjunto del Estado, y de ahí que se le haya comparado a Durán Farell con un moderno Cambó.

El segundo intento de extender su presencia en el mercado de la energía en el conjunto del Estado fue, sin embargo, mucho más peliagudo, y aquí sí se saldó con un fracaso. La opa de Gas Natural sobre Endesa se fue a pique porque ya entonces, al contrario que sucedió en los primeros años noventa, el Partido Popular era mucho más fuerte y había enterrado el Pacto del Majestic, aquel acuerdo de pura necesidad firmado en 1996 entre Aznar y Pujol. Lo que hizo que la operación no saliera adelante fue que el presidente de la eléctrica, Manuel Pizarro, se convirtiera en una especie de Agustina de Aragón contra el «invasor» catalán. Una vez más, la Moncloa estuvo implicada. Y fue el propio Alfredo Pérez Rubalcaba quien llamó al entonces portavoz de ERC, Joan Puigcercós, para decirle que al día siguiente se iba a anunciar una opa de Gas Natural sobre Endesa.

La operación, al margen de su contenido económico y de la racionalización que introducía en el sistema energético español al suponer una integración vertical, tenía un fuerte componente político habida cuenta de que el presidente Zapatero se había comprometido a aprobar un nuevo Estatuto para Cataluña, y la opa formaba parte de esa estrategia. Se cuenta que el propio Rubalcaba dijo al líder republicano:

—Esa opa vale medio Estatut.

Era, sin duda, una apuesta arriesgada que de alguna manera suponía recuperar el viejo espíritu de los años anteriores a la II República, cuando Alfonso XIII incluyó a Cambó en varios de sus gobiernos para encontrar una salida a la cuestión catalana. Ni Zapatero lo consiguió ni tampoco el monarca. El propio Cambó confesó en sus memorias el fracaso de su política. Había fracasado a la hora de lograr unidad catalana en torno a la Lliga y había fracasado en sus intentos de conseguir en Madrid un ambiente favorable a las aspiraciones de Cataluña.

Lo que en realidad se estaba produciendo, en el plano económico, era lo que Vicens Vives había advertido pocas décadas antes en «El proteccionismo catalán», un artículo publicado en la revista *Destino* en el que salía al paso de las críticas de algunos historiadores castellanos que acusaban a Cataluña de ser la causa del empobrecimiento de España.

La industria catalana estrechó filas alrededor de unos intereses colectivos, y no solamente por los dividendos particulares, aunque estos entraran también en cuenta. Era preciso ser proteccionista o imponer tal criterio al Estado, porque Cataluña se había quedado sin capitales y sin mercados.

Todo el poder para los ingenieros de caminos

Es curioso que el gran adversario de Durán Farell fuera otro ingeniero de caminos, canales y puertos, José María López de Letona, quien junto con colegas como Leopoldo Calvo-Sotelo, José María Entrecanales de Azcárate, Rafael Benjumea y Burín, Ildefonso Cerdá, Leonardo Torres Quevedo, Juan de la Cierva, Rafael del Pino y Moreno, Florentino Pérez o Juan Miguel Villar Mir son claros exponentes de la fuerza que llegó a tener, y aún tiene, este colectivo profesional. Desde luego, muy superior al de otros cuerpos del Estado, aunque trabaje en el sector privado, como lo demuestra el hecho de que históricamente, ya desde la segunda mitad del siglo XIX, haya sido el que más presupuesto ha gestionado.

La idea de fundar una escuela de ingeniería civil nació a finales del siglo XVIII, y fue el conde de Floridablanca, a la sazón superintendente de Correos, quien creó en 1785 la Dirección General de Caminos. Siete años más tarde nacería la Escuela de Caminos de Madrid.

Desde entonces ha sido un auténtico grupo de presión en la sombra poco conocido, pero con una enorme capacidad de influencia en los aledaños del poder. Hasta el punto de que en 1926, frente a lo que sucedía en otras disciplinas académicas, la Escuela de Caminos obtuvo autonomía de funcionamiento respecto del Estado —revocada tres décadas después por el franquismo—. El propio Sagasta, la otra mitad del sistema de la Restauración, junto con Cánovas, fue ingeniero de caminos.

Aunque no es fácil situar el origen de su enorme influencia sobre la política de obras públicas de todos los gobiernos, hay que retroceder en el tiempo a la figura de José Echegaray para encontrar el momento en que este cuerpo se convirtió en una especie de *primus inter pares* dentro de los funcionarios de élite de la Administración. El polifacético Echegaray —matemático, dramaturgo y, sobre todo, el primer premio Nobel que tuvo España— fue nombrado director general de Obras Públicas tras la Gloriosa, la revolución que dio paso al sexenio democrático en 1868, y que significó el destierro de Isabel II a París. De profundas convicciones liberales, ya en su primer real decreto advirtió que el monopolio del Estado en las obras públicas era «un mal», y que el Estado constructor era contrario «a los sanos principios económicos».

La norma no tiene desperdicio por su enjundia y engolamiento, y destaca una idea-fuerza:

> Cuando una persona, una sociedad, o una empresa se proponga construir cualquier obra de las que se comprenden bajo la denominación de públicas, y no pida al Estado auxilio alguno, ni invoque el derecho de

expropiación, sea cual fuere la importancia de dicha obra, el Estado no debe intervenir en ella.

Es decir, libertad total para construir. El Estado, de hecho, sólo debería tener conocimiento de la obra, «pero sólo a fin de imponer la contribución que corresponda y para suministrar noticias oportunas a la Estadística».

La libertad total para construir afectaba a las carreteras, los ferrocarriles, los puertos y cualquier otra infraestructura que se pusiera en marcha por iniciativa privada. Sólo había una excepción. En los casos que fuera necesaria una expropiación, que era lo más frecuente porque los promotores de la obra no disponían de suficientes terrenos, sería el Estado quien tendría que fijar la cuantía de las indemnizaciones, lo que en la práctica explica la necesidad que tenían los ingenieros de caminos de estar cerca del poder para acelerar los expedientes o calcular el justiprecio.

Su posición, incluso, se vio reforzada cuando expirado el sexenio democrático, inspirado por una fuerte corriente liberal, el Estado volvió a recuperar competencias. Las primeras Cortes de Alfonso XII, que suponían la restauración borbónica, aprobaron una ley que restableció la dependencia de las obras públicas del Estado en sus diferentes niveles: central, provincial y local. Pero no todo estaba perdido.

Es muy conocido que todo régimen autoritario, ante la falta de legitimidad democrática, intenta reconciliarse con la opinión pública a través de la provisión de bienes materiales, y cuanto más visibles, mejor. Sucedió en el segundo franquismo, que convirtió la obra pública en el eje de su estrategia económica para salir del subdesarrollo, y ocurrió con anterioridad durante la dictadura de Primo de Rivera, que inspirada en el modelo Mussolini puso en marcha un ambicioso programa de infraestructuras que volvió a situar a los ingenieros de caminos en el centro de la Administración.

Junto con la estrategia política, sin embargo, también hay razones objetivas que explican el auge de la construcción, tanto en su vertiente de obra civil, puertos, carreteras o líneas de ferrocarril, como residencial, y que necesariamente hay que vincular al desarrollo económico. Al comenzar el siglo XX, menos del 15 % de los españoles podían ser considerados urbanos en la medida en que vivían en ciudades con más de cincuenta mil habitantes. Hoy, por el contrario, el 69 % de la población —y el 76 % del empleo— habita en ciudades con más de cincuenta mil habitantes, lo que da idea del cambio que se ha producido en un siglo.

España, por decirlo de una forma directa, se ha urbanizado y quienes han tenido una influencia más directa, como es lógico, han sido los ingenieros de caminos, que tuvieron un papel muy relevante ya desde la segunda mitad del siglo XIX con planeamientos urbanísticos tan ambiciosos como el Plan Cerdá (Barcelona) o la construcción del barrio de Salamanca (Madrid). Incluso ya entrado el siglo XXI, la llegada de ingentes fondos de la Unión Europea impulsó la obra pública hasta niveles impensables.

Pío Baroja, con razón, decía que si Dios estaba en algún sitio en las ciudades, era en los solares.

El caso de José Entrecanales Ibarra, nacido en la España finisecular que perdió el imperio y en la que estaba todo por hacer, revela bien el aumento de la presencia de los ingenieros de caminos en la política de inversiones públicas. Nacido en Bilbao, acabó la carrera con el número uno de su promoción, lo que le permitió ingresar de forma automática en el cuerpo de ingenieros sin oposición alguna, como era lo establecido en la época. De aquella época, fue la construcción del puente de San Telmo, en la Sevilla que se preparaba para la Exposición Iberoamericana de 1929, donde colaboró con Eduardo Torroja, otro de los ingenieros de caminos más respetados de España, y su futuro socio, Manuel Távora.

Con Távora, fallecido tempranamente en 1940, y tras un fugaz paso por la Administración, creó Entrecanales y Távora, hoy conocida como Acciona, en un año tan emblemático como 1931. Su matrimonio con María de Azcárate, hermana de los políticos liberales Pablo y Justino de Azcárate, sobrinos a su vez del gran jurista Gumersindo de Azcárate, uno de los fundadores de la Institución Libre de Enseñanza, va más allá de un simple casamiento en la medida en que es una constante la tradición liberal del cuerpo de ingenieros. Lógicamente, salvo excepciones.

Se ha estimado, sin embargo, que apenas una veintena de ingenieros de caminos se exiliaron después de la guerra, lo que muestra que no fue un colectivo especialmente señalado por la dictadura ni depurado. La razón admite pocas discusiones. En un tiempo en el que lo esencial era reconstruir el país, se estrechó la relación entre los técnicos y el régimen, que los necesitaba para sacar a España de la devastación que había significado la guerra.

Los ingenieros, por su parte, eran conscientes de que estar bien relacionado con el poder era clave para prosperar y tener acceso a la obra pública. Entre otras razones, porque la ideología, en este caso, al contrario de lo que sucedía con los maestros, los abogados o los periodistas, que fueron depurados por el régimen, era irrelevante. Unos y otros se necesitaban.

A ello ayudó la alta formación de la mayoría de ingenieros de caminos, muchos de los cuales habían estado en el extranjero de la mano de la Junta de Ampliación de Estudios, aquel extraordinario organismo creado en 1907 para renovar el decadente sistema pedagógico de la Restauración. El propio José Entrecanales, años después, sería un destacado catedrático en la Escuela de Caminos, hasta el punto de que sus clases se esperaban con notable expectación.

La figura de Rafael del Pino Moreno, otro ingeniero de caminos, tiene algunas similitudes. En 1952, ya cerca del desarrollismo, fundó Ferrovial, y como los Entrecanales aprovechó como pocos el gran salto adelante que realizó la economía española a partir de 1959 impulsada por el Plan de Estabilización. Su crecimiento como constructor de infraestructuras, de hecho, no se entiende sin el gran paso adelante que da la economía española a partir de la segunda mitad del siglo XX.

Miembro de una familia ilustrada, su padre también fue ingeniero, pronto se acercó al nuevo régimen. Y, de hecho, permaneció en el ejército hasta 1944, cuando orientó su vida hacia el mundo de la construcción. Su matrimonio con Ana María Calvo-Sotelo —sobrina de José Calvo Sotelo—, sin embargo, creó unos lazos familiares que se extendieron por las ramas más liberales del país en los tiempos oscuros de la dictadura. Fue cuñado del expresidente del Gobierno Leopoldo Calvo-Sotelo, también ingeniero de caminos, mientras que la hermana de su mujer fue la esposa de Fernando Morán, el ministro de Exteriores del primer Gobierno socialista. El propio Leopoldo estaba casado con Pilar Ibáñez-Martín, hija de uno de los ministros de Educación de Franco, mientras que dos de sus primos fueron el socialista Francisco Bustelo, quien se enfrentó a Felipe González en el XXVII Congreso del PSOE a cuenta del marxismo, y Carlos Bustelo, exministro de UCD, de orientación claramente derechista.

Una sobrina suya, la historiadora económica Mercedes Cabrera, fue ministra de Educación en el segundo Gobierno de Rodríguez Zapatero, lo que da idea de un hecho ciertamente extraordinario en la historia de España, donde la endogamia ideológica ha sido la norma.

En este caso, sucedió justamente lo contrario. Los Calvo-Sotelo, herederos del protomártir del franquismo

—el exministro José Calvo Sotelo fue asesinado días antes del golpe del 18 de julio— emparentados con las nuevas élites socialistas que surgieron durante la Transición política. El propio Leopoldo Calvo-Sotelo había estudiado en el Instituto-Escuela, aquel fértil experimento que trató de introducir antes de la guerra las nuevas técnicas educativas de la Institución Libre de Enseñanza. Habría que esperar a 1940 para que tres mujeres, Jimena Menéndez-Pidal Goyri, Carmen García del Diestro y Ángeles Gasset pusieran en marcha con todas las dificultades del mundo el Colegio Estudio, sucesor de aquella experiencia pedagógica renovadora.

Lo relevante en ambos casos en materia económica es que tanto los Entrecanales como los del Pino Calvo-Sotelo aprovecharon el atraso histórico de España para hacer crecer sus negocios hasta límites inimaginables cuando tanto José como Rafael abandonaron, con dos décadas de diferencia, la Escuela de Caminos.

Lo que había cambiado en realidad era España, que en los años cuarenta lanzó un Plan de Recuperación del Ferrocarril tras la devastación que se produjo durante la guerra, y en los cincuenta un Plan de Industrialización de Empresas Españolas que pretendía la modernización del obsoleto aparato productivo, lo que significó un enorme impulso a las obras civiles. En los sesenta, la obra pública se disparó en plena fiebre del desarrollismo, hasta que en la segunda mitad de los setenta el castillo se vino abajo por la irrupción de los dos choques petrolíferos y porque la prioridad de los nuevos gobernantes era la democracia, por lo que las reformas económicas quedaron en un segundo plano.

La Ferrovial del primer Del Pino, incluso, pudo participar en la construcción de las bases estadounidenses instaladas en España, además de pantanos, líneas férreas, ministerios, puentes y toda suerte de infraestructuras en un país en el que la oferta de ingenieros ha sido muy limitada.

Siempre se ha especulado con que la dureza de la carrera de Caminos ha tenido que ver con la aplicación efectiva de una especie de *numerus clausus* para proteger la oferta de titulados. Algo muy parecido a un proteccionismo académico favorecido, además, porque la obra pública, históricamente, y no sólo en España, ha operado en un mercado cerrado en el que la competencia extranjera ha sido residual. Pocos negocios son tan «nacionales» como el sector de la construcción, donde las empresas nacidas en España han copado históricamente la producción, lo que explica en buena medida que ante tal proceso de acumulación la salida natural fuera la internacionalización, principalmente a través del sistema concesional, ya que la construcción ha estado semivetada en aras de favorecer los intereses nacionales.

Sólo hay que recordar algunos casos emblemáticos dentro del sector de la construcción —algunos ingenieros y otros no— como el navarro Félix Huarte, uno de los constructores de los Nuevos Ministerios, en Madrid, o de la Ciudad Universitaria, quien compaginó su actividad empresarial con la política —fue vicepresidente de la Diputación Foral de Navarra—.

O José Banús Masdeu, quien, como ya hemos señalado, participó en la construcción de la carretera que iba al Valle de los Caídos, y a partir de ese momento sería uno de los empresarios más allegados al dictador. Hasta el punto de que se le ha considerado el constructor del franquismo. Se cuenta que en agosto de 1970, mientras se procedía a la inauguración de Puerto Banús, en Marbella, por cierto una concesión administrativa por noventa y nueve años, más de un centenar de presos abandonaron las obras de la urbanización de lujo que José Banús construía en la colonia de Mirasierra, a las afueras de Madrid. Se trataba del último destacamento dependiente del Patronato Central para la Redención de Penas por el Trabajo, creado en 1938, con el que Banús mantuvo una fructífera relación en su beneficio.

El propio Florentino Pérez, primer accionista de ACS, fue concejal por UCD en el primer ayuntamiento democrático tras la guerra civil y, posteriormente, secretario general de la llamada Operación Roca, que se tradujo en la creación del Partido Reformista Democrático. Una especie de pinza entre Madrid y Cataluña que acabaría en una ruina política, pero no económica.

Los tres casos reflejan de forma nítida los vasos comunicantes entre la política y el mundo de la construcción, aunque con perfiles claramente distintos en función de la época. Uno de los últimos títulos nobiliarios concedidos por el rey Juan Carlos fue a parar, precisamente, a un amigo suyo, el ingeniero de caminos Juan Miguel Villar Mir, un político al que siempre puso bajo sospecha el profesor Fuentes Quintana, su sucesor en la vicepresidencia de Asuntos Económicos. Su constructora, OHL, fue una de las empresas adjudicatarias del tren de alta velocidad a La Meca, que con el tiempo acabó siendo la síntesis perfecta de corrupción, tráfico de influencias y política clientelar.

8
MADRID VS. BARCELONA (O VICEVERSA)

Se atribuye a Álvaro de Figueroa y Torres, más conocido como el conde de Romanones, una célebre sentencia que no merece una gran explicación:

—Haga usted las leyes y déjeme a mí los reglamentos.

Sea o no cierto que pronunciara la famosa cita, lo significativo es que el aristócrata madrileño, tres veces presidente del Consejo de Ministros, sabía de lo que hablaba.

No en vano fue treinta y cinco años diputado por la misma circunscripción alcarreña, entre 1888 y 1923, después de haber ganado en diecisiete ocasiones las correspondientes elecciones. Durante la II República, incluso, fue diputado en las Cortes por la circunscripción de Guadalajara y sus dotes de intrigante fueron leyenda. Junto con Germán Gamazo, nadie mejor que él simboliza la fuerza del caciquismo a base de comprar votos y voluntades. La compra de votos se hizo tan popular que un periódico alcarreño llegó a publicar: «Estos días sólo se habla de lo que cada diputado está dispuesto a gastar en las elecciones, como si se tratara de ganar el acta en una puja a la llana». El propio Romanones respondió al diario: «El distrito había probado ya el cebo, había probado el dinero y no votaría más que por dinero».

No se sabe si por dinero, pero lo cierto es que no le faltaba razón a Romanones. Los reglamentos, que no dejan de ser la letra pequeña de las leyes, han sido a menudo la manifestación más clara de la influencia de los grupos de presión sobre el poder político. Entre otras razones porque una vez que es aprobada la ley su aplicación posterior depende de cuerpos de funcionarios a los que es más fácil llegar, lo que explica que a veces sea más eficaz tener una buena relación con un subsecretario, un secretario general o un director general que con el propio ministro.

Es más, en ocasiones el propio reglamento deja de ser subalterno de las leyes que le dieron carta de naturaleza y regulan aspectos que la norma principal no preveía o lo hacía de una forma diferente. Sin contar el hecho de que una vez aprobada la ley, la atención de los medios de comunicación decae, lo que convierte a los reglamentos en un objeto de deseo prioritario de todo grupo de presión ante la inexistencia de luz y taquígrafos.

Y España, por el sesgo proteccionista que ha tenido históricamente la política económica de los diferentes gobiernos, ha sido un país que ha regulado mucho. Se puede hablar, incluso, de hemorragia legislativa en coherencia con el sistema napoleónico de producción de leyes para proteger a determinados sectores extractivos de rentas públicas con dificultades para sobrevivir en un mercado competitivo.

En otras ocasiones, sin embargo, el origen del proteccionismo tiene que ver con una convicción política, y no es otra que la existencia de un nacionalismo declarado y confeso, sin matices, que se ha trasladado con frecuencia al ámbito de la economía, y, en particular, al de las empresas no financieras. Pero también, como no puede ser de otra manera, habida cuenta de que se trata de un sector clave en la economía, se ha dibujado sobre la banca privada, que desde la pionera Ley Cambó ha vivido en régimen de oligopolio en la práctica, incluso cuando legislaciones posteriores intentaron cambiar ese *statu quo*. Sin duda, por la enorme capacidad de presión que han tenido en la economía española las entidades financieras en la medida en que sus lazos con la industria han sido tan estrechos que cualquier regulación exigente hubiera podido comprometer el futuro del país.

Esto sucedió, por ejemplo, en 1962, en plena liberalización de la economía, cuya principal novedad fue la nacionalización del Banco de España, una decisión a la que se opusieron algunos destacados dirigentes del régimen. El exalcalde de Madrid, Fernando Suárez de Tangil, conde de Vallellano, elegido por Primo de Rivera y que después fue ministro con Franco, llegó a decir en las Cortes que la nacionalización iba contra los Principios Nacionales del Movimiento porque se atacaba a la iniciativa privada. Y lo decía alguien que sirvió a dos dictadores claramente intervencionistas.

Con la nueva ley bancaria de aquel año, que por primera vez autorizaba al Banco de España a inspeccionar a las entidades de crédito, lo que era una auténtica novedad, se pretendía cambiar la correlación de fuerzas entre la banca privada y el poder político. Y con ese objetivo —hay que entender el momento político de apertura del régimen hacia un sistema capitalista más ortodoxo— se abrió la posibilidad a los bancos industriales para que pudieran competir con la banca tradicional que captaba depósitos en régimen de monopolio.

El reglamento aprobado, sin embargo, limitó a tres el número de oficinas que podían abrir, y aunque se les concedió el privilegio de poder emitir certificados de depósitos a largo plazo, una especie de obligaciones que les permitían financiarse en los mercados de capitales, la realidad es que nunca pudieron hacer sombra a los siete grandes bancos —Banesto, Central, Hispano, Vizcaya, Bilbao, Santander y Popular— en la captación del ahorro de sus clientes. Para más inri, se permitió que las entidades de depósito pudieran adquirir los bancos industriales, lo que en la práctica significó su aniquilamiento por asfixia financiera.

En realidad, se trató de una política de hechos consumados. Años antes, el Banco Hispano, con el visto bueno del régimen, como no podía ser de otra manera en aquellos años duros del primer franquismo, se había asociado al Urquijo en el llamado Pacto de las Jarillas, que suponía el intercambio de consejeros. El Hispano, a cambio de controlar las filiales, proporcionó una línea de crédito para que el Urquijo pudiera financiar sus proyectos industriales. Este modelo de banca universal es el que se impuso para el resto del franquismo en favor de los siete grandes.

Por si fuera poco, lo que demuestra el poder de la banca, incluso en la dictadura, el Estado tenía la necesidad de echar mano de la banca privada para monetizar el déficit público comprando deuda, lo que les hacía más influyentes en los meandros que llevan al poder político. Esto se observaría con nitidez dos décadas después, durante el primer Gobierno socialista, con la emisión de pagarés fiscalmente ocultos a Hacienda.

La primera gran crisis del joven Gobierno socialista se produjo, precisamente, a raíz de la dimisión de José Víctor Sevilla como secretario de Estado de Hacienda, quien se negó a regularizar el dinero negro. A cambio de que la banca comprara pagarés del Tesoro, con una rentabilidad de apenas el 2 % pese a que la inflación había alcanzado los dos dígitos, los tenedores de deuda pública ni debían informar a Hacienda de su adquisición ni contarían con una retención en origen. Es decir, una amnistía fiscal en toda regla en aras de sufragar el déficit público y aflorar dinero situado fuera de los cauces legales. No sería la última amnistía.

Auge, caída y resurrección de la banca

La ley bancaria del 62, en todo caso, allanó el camino para conformar un modelo de banca universal que en la práctica reforzó el oligopolio, y que a la larga tendría su momento de máximo esplendor en aquellas reuniones de los siete grandes en las que el presidente del Banco Central, Alfonso Escámez, quien había empezado de botones, ejercía de maestro de ceremonias sin pudor alguno y sin que las autoridades de competencia levantaran la voz. Cuando salían por el portalón que da a la calle Barquillo, a un paso de la esquina de la de Alcalá, casi siempre les esperaba un reducido número de periodistas. Los banqueros, sin decir palabra, iban dejando el recinto sonrientes, mostrando su satisfacción por un trabajo bien hecho.

Su negocio era muy sencillo. Por un lado, la banca comercial captaba depósitos; por otro, prestaba dinero, y con los remanentes sobrantes podía adquirir todas las empresas industriales que quisiera para convertirlas en clientes. No para apuntalar su crecimiento o lanzar planes de expansión y favorecer la internacionalización de las empresas industriales, sino para garantizarse unos dividendos en coherencia con su participación accionarial. Un negocio redondo que exigía un colaborador necesario, lo que explica que la banca sea un sector mitad público y mitad privado debido a su enorme dependencia de decisiones del regulador, sin contar con el hecho de que crea dinero a través de los créditos que concede, cuando se trata, paradójicamente, de un monopolio del banco central.

Hay que tener en cuenta que hasta 1946 los cambios en los tipos de interés que decidía el Banco de España eran previamente sometidos a la aprobación del Ministerio de Hacienda, pero entre ese año y 1977 era el propio titular de Hacienda quien los comunicaba a través de un oficio para ser publicados en el BOE. Es decir, eran una decisión del Gobierno de turno.

Ese esquema funcionó hasta que dejó de hacerlo porque las circunstancias habían cambiado. Y lo que había cambiado fue que la liberalización de las comisiones bancarias en un contexto de reducida competencia —restricciones a la presencia de la banca extranjera— provocó que el aumento de los costes se pudiera trasladar de forma inmediata a los clientes. Y todo ello, en el contexto de una frenética carrera por abrir oficinas en cualquier esquina, con lo cual los gastos fijos se incrementaron de forma significativa.

Sólo hay que tener en cuenta que si en 1973, ya al final del desarrollismo, la banca disponía de quince mil trescientas setenta y ocho sucursales abiertas en todo el país, en 2008, y al calor de la burbuja inmobiliaria, ya eran cuarenta y seis mil doscientas veintiuna oficinas, prácticamente el triple, lo que da idea del grado de bancarización de la economía española al calor del elevado nivel de protección que ha tenido históricamente el sector financiero.

Es verdad que a corto plazo, con esa ambiciosa estrategia de crecimiento a base de abrir sucursales en casi todas las esquinas de las grandes ciudades, no descendieron los márgenes financieros, es decir, la diferencia entre el coste del activo y la remuneración del pasivo, pero a largo plazo, cuando la economía comenzó a perder impulso, el aumento de los costes fijos pasó factura.

Aquí, de hecho, está el origen de las crisis bancarias de la segunda mitad de los setenta y los primeros años de los ochenta.

No fue un problema pequeño en medio de una formidable crisis económica y con la inestabilidad política propia de la Transición, que durante los primeros años tendió a orillar los problemas económicos por razones obvias. Lo prioritario era consolidar la democracia.

Algunos datos revelan la dimensión del problema. De los ciento diez bancos que operaban en España a finales de 1977, casi la mitad, cincuenta y uno, se vieron afectados de una forma u otra por problemas de solvencia entre 1978 y 1983. Al principio se trató de entidades de reducido tamaño; pero al final cayeron muchas entidades medianas y algunas más grandes.

La crisis alcanzó el máximo en 1983, cuando el primer Gobierno socialista se vio obligado a expropiar los veinte bancos de Rumasa, que habían funcionado como una estafa piramidal. Isidro Fainé, el veterano presidente de la Fundación la Caixa, llegó a estimar que el coste de los sucesivos planes de saneamiento de la banca privada al Fondo de Garantía de Depósitos, sufragado por los clientes bancarios y por el propio Estado, fue equivalente a dos mil novecientos noventa y cuatro millones de euros de 2005, que hoy serían cerca de cuatro mil trescientos millones de euros.

Todo nacionalismo económico, y para eso se necesitan normas y reglamentos, precisa instrumentos para llevar a cabo ese objetivo estratégico. Y la ley de 1962 conformó una nueva banca pública muy especializada con la que se pretendía formalmente financiar actividades que no le interesaban a los bancos. Pronto se conocieron las razones, y el resultado fue dramático. Con el tiempo se destapó una enorme socialización de pérdidas debido a que la banca pública llegó a financiar operaciones de miles de empresas con escasa solvencia, lo que explica que los siete grandes no quisieran saber nada de esos préstamos.

El fin de los tecnócratas

El caso más emblemático de socialización de pérdidas fue el de Matesa (Maquinaria Textil del Norte Sociedad Anónima), cuya crisis va más allá que una simple quiebra de una gran empresa. A la postre significó, a finales de los años sesenta, un ajuste de cuentas entre las dos familias del régimen, los falangistas y los tecnócratas, a quienes Franco mimaba en función del tiempo histórico. Matesa, propiedad del empresario Juan Vilá Reyes, que era un personaje muy popular —una especie de Berlusconi de la época— porque se habían hecho programas de televisión contando sus hazañas económicas, fabricaba unos telares de nuevo diseño que exportaba a sus filiales en el extranjero.

Con esas exportaciones, muchas de ellas fraudulentas, como se acreditó en el juicio, obtenía préstamos del Banco de Crédito Industrial, una entidad pública que por ley estaba obligada a satisfacer las demandas del empresario. Máxime cuando se trataba de alguien muy bien relacionado con el poder, en particular con los tecnócratas del régimen.

Cuando se descubrió el fraude, a mediados del año 1969, los falangistas, a los que en aquel tiempo Franco había marginado en favor de los tecnócratas, explotaron todo lo que pudieron el escándalo en la prensa más afín, los diarios *Pueblo* —vinculado a los sindicatos— y *Arriba* —la cabecera principal del Movimiento—, forzando finalmente al jefe del Estado a realizar un ajuste en el Gobierno que a larga sería la primera gran crisis del franquismo.

El tiempo de los tecnócratas —era muy conocida su amistad personal con Laureano López Rodó e incluso con Giscard d'Estaing cuando este era ministro de Economía— había pasado.

Aunque Vilá Reyes, defendido por José María Gil-Robles, el líder de la CEDA, amenazó con tirar de la manta, lo único que consiguió fue una condena de doscientos veintidós años de cárcel por delitos de estafa y falsedad en documento mercantil en una cuantía superior a los ocho mil novecientos noventa y tres millones de pesetas de la época, que hoy serían equivalentes a unos mil cuatrocientos cuarenta millones de euros. Posteriormente, sería indultado dos veces. Primero, por Franco, y después en el marco de los indultos que se concedieron tras la proclamación del rey Juan Carlos. El propio Vilá Reyes, tras salir de prisión, aseguró en alguna entrevista en televisión que él fue la cabeza de turco en la pelea que sostenían los sectores en los que se apoyó Franco durante su largo mandato. No le faltaba razón.

Algunos años después, José Ángel Sánchez Asiaín, uno de los banqueros más innovadores que ha tenido España, y probablemente, junto con Luis Valls, de mayor talla intelectual, decía que el verdadero negocio de la banca era la información, ya que disponía de más conocimiento de la realidad económica del país que ningún otro sector, incluido el Gobierno. La materia prima de la banca, aseguraba el banquero vasco, no era el dinero, sino lo que conocía a través de sus clientes.

Sánchez Asiaín, precisamente, fue quien removió los cimientos de la banca cuando el Banco Bilbao a finales de 1987, liquidando con ello el viejo pacto entre caballeros de no agresión entre banqueros, lanzó una opa hostil (Oferta Pública de Adquisición de Acciones) sobre Banesto. La guerra bancaria había comenzado.

Aquel movimiento no sólo fue el comienzo de la revolución financiera de los años noventa —acelerada tras la irrupción de Mario Conde en Banesto— con todo tipo de fusiones y el fin de la banca pública que diseñó el franquismo. Abrió, sobre todo, el melón de las disputas regionales por ganar cuota de mercado en el reparto de la riqueza en sectores estratégicos, y, por ende, por aumentar la influencia sobre ese ente extraño que se llama «madrid», en minúsculas, y que viene a ser la metáfora del poder. Paradójicamente, en un Estado fuertemente descentralizado, como es el español.

El rol de Madrid como potencia, no en su sentido político, sino económico, es relativamente reciente, y tiene más que ver, frente a la propaganda que se suele esgrimir, con la transformación del capitalismo español a lo largo de las últimas décadas que con una política fiscal de rebaja de impuestos. Un dato procedente del servicio de estudios del antiguo Banco Bilbao, pionero en este tipo de trabajos, lo aclara. Mientras que la renta regional española creció entre 1955 y 1975 un 5,5 % de promedio anual, la de Madrid avanzó un 6,9 %, casi el doble de lo que creció Extremadura, y entonces no existían guerras fiscales. Cataluña, Baleares y Valencia también crecieron por encima de la media, pero por debajo de Madrid, cuya renta per cápita se situaba a la muerte de Franco en doscientas mil pesetas de la época, más del doble que Extremadura: noventa mil pesetas.

Las causas son múltiples, pero hay una muy evidente. Esto es así porque las empresas, al ganar tamaño, y hay que tener en cuenta que el proceso de integración es cada vez más evidente, tienden a concentrarse en los lugares más cercanos a donde se toman las decisiones políticas. Y Madrid, con su estructura radial en carreteras y vías férreas, tiene una indudable ventaja comparativa.

No ha sido el caso de Andalucía, cuyo atraso hay que vincular al menos a cuatro factores: la estructura de la propiedad de la tierra, con latifundios improductivos por falta de capital financiero; la baja formación del capital humano, es decir, enormes niveles de analfabetismo; ausencia de recursos energéticos y, por último, el proteccionismo arancelario, que benefició a Cataluña y País Vasco, con industrias más maduras. Sin contar la propia ubicación geográfica de Andalucía, alejada físicamente de los centros comerciales y de poder existentes en Europa.

Existe otro factor que a menudo se ignora. El origen histórico de la desigualdad regional está relacionado con el nivel educativo, y, de hecho, los actuales desequilibrios se corresponden, casi miméticamente, con las distancias que había a mediados del siglo XIX en tasas de alfabetización. Se ha estimado, en concreto, una correlación del 72 % entre la tasa de alfabetización en los partidos judiciales en 1860 y la competencia lectora en 2001, hecho que es indicativo de la importancia del legado histórico en la determinación de las disparidades de los niveles educativos todavía existentes.

Hay más razones que necesariamente deben vincularse a lo que se denominan economías de aglomeración. Es decir, las ventajas de las que disponen las grandes ciudades gracias a los beneficios que obtienen por el hecho de concentrar, por ejemplo, la inversión pública y privada, los servicios educativos o sanitarios y, en general, la actividad económica en grandes áreas metropolitanas.

Desde que comenzó el siglo, cerca del 63 % de los municipios españoles ha perdido población, pese a que España tiene hoy casi siete millones de habitantes más que en el año 2000, y la gran beneficiada ha sido Madrid, donde los salarios son más elevados y las oportunidades laborales mayores. Entre otros motivos, porque las filiales de las multinacionales, y estamos en una economía globalizada, tienden a instalarse allí donde las condiciones son mejores para sus directivos.

En los años treinta la ciudad de Barcelona todavía tenía más población que Madrid capital, pero hoy tiene la mitad. Es verdad que a ello ha contribuido la orografía, Barcelona está encajonada entre el mar y la montaña, lo que ha hecho crecer su área metropolitana, pero aun así el crecimiento de Madrid ha sido superior en coherencia con el proceso de terciarización de la economía. O lo que es lo mismo, la supremacía del sector servicios sobre la industria, algo que explica no sólo el declive de Cataluña, al margen de otras circunstancias políticas, sino de regiones como el País Vasco, cuna tradicional de la industria.

Las ventajas para Madrid se acrecientan en mercados muy regulados, como pueden ser el financiero o el eléctrico. O, incluso, el petrolero o el químico. La Bolsa de Madrid se ha comido a las de Barcelona, Bilbao o Valencia, pero aquella, a su vez, ha sido engullida en la práctica por la de Londres o Wall Street como consecuencia de la integración que se viene produciendo en las últimas décadas en los mercados de capitales de todo el mundo al calor de la globalización.

Muchos otros sectores necesitan estar cerca del poder porque la regulación es cambiante. En 2022, por ejemplo, el BOE publicó nada menos que ochocientas cuarenta y nueve normas, más de dos al día, de carácter estatal, a las que hay que sumar la miríada de normas de ámbito autonómico, local o foral. En total, un millón trescientas mil páginas en distintas disposiciones legales.

Esas cifras no incluyen la legislación de la Unión Europea, cuyo centro de operaciones está también en Madrid.

Y ya se sabe que detrás de cada norma administrativa hay una decisión política, lo que explica que en los últimos años hayan proliferado los grupos de presión. O lobbies como se prefiera, cuya importancia va en aumento en la medida en que muchas de las decisiones que hay que tomar, por ejemplo en la regulación del mercado eléctrico, son cada vez más complejas, por lo que la oportunidad de influir ante los *policy makers* en asuntos públicos es cada vez mayor a través de un contenido fundamentalmente técnico, lo que explica el trasvase de abogados de Estado, jueces o fiscales hacia el sector privado. Una influencia que no se ejerce sólo sobre los funcionarios o las élites políticas, sino también sobre la opinión pública a través de los grandes medios de comunicación, cuya sede también está en Madrid.

Otro caso evidente es el de la banca, un sector que históricamente ha tenido un fuerte componente territorial y hoy no lo tiene. Al comenzar la Transición, en concreto, había cuarenta y dos bancos de ámbito nacional, doce eran regionales y cincuenta y seis locales, lo que da idea de la enorme concentración que se ha producido desde entonces. El Banco Herrero, en Asturias, Banco de Valencia, Banco Gallego, Banco Simeón (Vigo), Banco Guipuzcoano, Banco Castellano (Valladolid), Banco Pastor (Galicia) o el Banco Coca (Salamanca) son algunos ejemplos de aquella banca que desapareció y que algún día tuvo algo que decir en la correlación de fuerzas dentro del mapa financiero. Hoy lo que hay son bancos más grandes con mayor capacidad de presión.

Fue precisamente en Madrid donde se instalaron desde principios del siglo XX —tras la reforma financiera de Fernández Villaverde— algunas de las entidades creadas a raíz de la crisis del 98, que supuso la repatriación de grandes cantidades de dinero tras el colapso del imperio colonial. Este es el caso del Hispano Americano, que nació en 1900 tras la pérdida de las colonias, mientras que el Español de Crédito —heredero de una entidad de origen francés— lo hizo en 1902 y nunca tuvo un arraigo regional.

Otros bancos, sin embargo, como el Vizcaya o el Bilbao —este último vio la luz a mediados del siglo XIX— nacieron al abrigo de la industrialización del País Vasco, cuya ventaja competitiva se inició en el siglo XVIII al calor de las exportaciones de mineral de hierro, lo que favoreció un proceso de acumulación de capital financiero y humano.

Esta hegemonía financiera duró hasta bien entrado el actual siglo. Justamente hasta que se descubrió que la entidad —ya fusionada— había ocultado fondos de pensiones para sus directivos en paraísos fiscales, y se aprovechó la ocasión para articular una operación política para «desvasquizar» el banco que supuso la salida de Emilio Ybarra y otorgar todo el poder a Francisco González, nombrado por el Gobierno conservador, y que significó el fin de una era. Una era en la que un pequeño territorio, el País Vasco, que apenas representa el 1,4 % de la superficie de España, podía competir con Madrid en tamaño de su industria financiera.

Lo explicó bien Pedro Luis Uriarte, antiguo consejero delegado del BBV —antes de la fusión con Argentaria— en un artículo publicado en *Cinco Días*.

> Pero ¿cuál fue el propósito último de todo ello? Porque, además de acabar con el honor y reputación de su persona [Emilio Ybarra], y de la de muchos que compartimos profesión con él, había un objetivo patrio, uno de caza mayor. Para confirmarlo, basta darse un paseo por el Bilbao de hoy, la ciudad donde nació, en 1857, el banco que llevaba su nombre. En ese recorrido de menos de mil metros se puede ver que el edificio de dieciocho plantas donde estaba la sede operativa principal de BBV, y donde se encontraba el despacho del presidente y el del consejero delegado en 2001, ha sido vendido para abrir un almacén de ropa barata y dedicar el resto de las plantas a actividades públicas. El edificio emblemático de Gran Vía 12, donde estaba la sede del Banco Bilbao desde 1957, es propiedad de una inmobiliaria. Y para completar el cuadro, en la plaza de San Nicolás languidece el pequeño palacete decimonónico donde está situada la sede social del poderoso banco internacional BBVA, mientras se ha invertido una millonada para crear una gigantesca sede operativa, adivine usted dónde.

La pérdida de la vocación regional de la banca española no acabó con el BBVA. La práctica desaparición de las cajas de ahorros tras la crisis financiera generada por la Gran Recesión ha reducido el poder de las regiones españolas en favor de Madrid, el nido en el que se refugian los grupos de presión. Hoy, de hecho, salvo alguna excepción poco relevante, nadie vincula una gran entidad financiera con un lugar geográfico, aunque haya mantenido el topónimo, sino que son bancos globales que operan en el conjunto del territorio.

No siempre ha ocurrido lo mismo. El Banco Santander tiene su origen en el desarrollo del puerto de Santander y en el aumento del tráfico marítimo desde el puerto cántabro hacia América. De hecho, era el tránsito obligado que servía de ruta para que los cerealistas castellanos pudieran vender sus excedentes de grano al otro lado del océano Atlántico. Incluso la Caixa, cuyo nacimiento hay que vincular a los sangrientos hechos ocurridos durante la huelga general de 1902, después de haber absorbido muchas entidades, tiene hoy en Madrid su principal centro de operaciones tras la fusión con Bankia. El domicilio social, a estos efectos, es irrelevante.

CaixaBank, tras su fusión con Bankia, es hoy, de hecho, una entidad muy diferente a la que existía al comienzo de la Transición, cuando antes de la reforma impulsada por Fuentes Quintana, que comenzó a liberalizar el sector, disponía de un consejo de administración en el que estaba representada de una forma casi orgánica la vieja aristocracia catalana. Es decir, muchas de las familias que se unieron al franquismo desde el primer día y que a cambio recibieron numerosos títulos nobiliarios. En total, cuarenta y uno entre 1948 y 1974.

Lo singular es que esta composición, de mediados de los años setenta, fuera coherente con la realidad existente durante el primer tercio del siglo XX pese a que por medio habían pasado dos dictaduras y una República, lo que refleja una indudable capacidad de supervivencia social. Puro darwinismo financiero al calor de la endogamia que siempre ha caracterizado al capitalismo español y al abrigo de la capacidad de presión de los grupos de interés sobre el poder político.

Por aquella época, la mitad de los presidentes y consejeros delegados de las grandes empresas procedía todavía del País Vasco —naval, siderurgia, minería y banca—; Cataluña, cuyo capitalismo se ha articulado históricamente a través de grupos familiares vinculados a la industria textil y el comercio, y Madrid, favorecida por la instalación de sedes sociales, además de por la presencia del aparato administrativo del Estado, así como por la llegada de la aristocracia rentista procedente de otras provincias.

En definitiva, un elenco que refleja a las claras los lazos fraternos que siempre ha tenido aquella alta burguesía con el poder en Madrid. Primero, durante la Restauración gracias a las excelentes relaciones con Alfonso XIII, que colmó de títulos nobiliarios a los industriales vascos y catalanes; después con la dictadura, que se apoyó en ella para impulsar la modernización de España al comienzo del desarrollismo con figuras notables como Juan Sardà, Laureano López Rodó o Fabián Estapé, y, finalmente, ya en democracia, con el importante peso político que ha tenido lo que se llamó en su día Minoría Catalana, probablemente el lobby mejor engrasado en Madrid desde los tiempos de Cambó.

Desde luego, muy superior al ejercido por el nacionalismo vasco, al que en Madrid, representado por el PNV, le ha preocupado siempre más la cuestión nacional en términos de arquitectura institucional. Probablemente, porque el sistema foral le ha dado mucho mayor margen de maniobra que a los gobiernos de la Generalitat catalana y no ha necesitado tanto al Gobierno central.

No es difícil encontrar ejemplos, pero el caso más claro es el de Josep Sánchez Llibre, quien tras más de veinte años como diputado por Barcelona por CiU, rama democristiana de Duran i Lleida, pasó sin solución de continuidad a ejercer como interlocutor de la CEOE en las Cortes. Un viaje de ida y vuelta que acabó finalmente con la presidencia de Fomento, la patronal catalana, que a su vez ha incorporado al exministro Alberto Ruiz-Gallardón y a Iván Redondo, exjefe de gabinete de Pedro Sánchez, como miembros de su consejo asesor en Madrid.

Lo más singular es que ambos se integrarán en la llamada Societat d'Estudis Econòmics, una entidad creada por el economista y periodista Guillem Graell i Moles, secretario general de Fomento, en 1907, quien desde el republicanismo federal fue evolucionando hacia posiciones cada vez más conservadoras en defensa de la monarquía y de los industriales catalanes.

En su libro *La cuestión catalana,* Graell planteaba ya hace más de un siglo que Cataluña estaba discriminada respecto de Madrid e incluso llegó a calcular, mucho antes de que lo hiciera la Hacienda pública española, la balanza comercial entre Cataluña y el resto de España con la intención de rebatir que Cataluña explotaba a las demás regiones, un viejo latiguillo de la época habida cuenta de su mayor nivel de desarrollo. Graell, como Jordi Pujol y el nacionalismo catalán, siempre defendió la necesidad de que Cataluña tuviera un banco propio —para eso nació Banca Catalana— destinado a financiar las actividades productivas y canalizar el crédito.

No era ninguna excentricidad en términos históricos. El Banco de Barcelona fue el primer banco privado que se creó, en 1845, bajo el impulso de Manuel Girona i Agrafel, el empresario más relevante de Cataluña en todo el siglo XIX. Girona es el máximo representante de aquella burguesía industrial que se fijaba hasta la obsesión en el modelo inglés y entre sus iniciativas, además del ferrocarril, está la construcción de una infraestructura tan emblemática como fue el canal de Urgell.

No deja de ser significativo que tres décadas después, con la creación del Banco de España y el privilegio exclusivo de la emisión de billetes, el Banco de Barcelona perdiera definitivamente el derecho de emisión, lo que dio al traste con el progreso de la entidad. Girona, que no era nacionalista en el sentido actual, siempre se quejó de que el nuevo banco central ignoraba las necesidades industriales del mercado catalán, hecho que justificaba el rechazo a la integración del Banco de Barcelona en la nueva entidad. Su hermano Ignacio, a pesar de eso, dirigió la primera sucursal del Banco de España en Cataluña, con sede en un local propiedad de la familia Girona.

Tanto el correoso Graell como Manuel Girona y Agrafel son representativos de esa doble personalidad que históricamente han tenido los dirigentes políticos y empresariales catalanes respecto de España. Por un lado, Cataluña era la región más próspera, lo que le hacía tener tentaciones autonomistas o, incluso, independentistas, pero al mismo tiempo sus industriales sabían mejor que nadie que su principal mercado era el español. Eso exigía un cierto nivel de protección frente a lo que decidía en Madrid, y de ahí que su presencia en las Cortes haya tenido siempre un valor estratégico hasta que el *procés* se ha llevado por delante ese movimiento.

La estrategia catalana, y aquí está la paradoja, coincidía a grandes rasgos con los cerealistas castellanos, quienes también reclamaban protección arancelaria a las autoridades, lo que contribuyó, curiosamente, a exaltar el nacionalismo español, tan combatido por una parte muy relevante de la sociedad catalana.

La dictadura de Franco liquidó esa capacidad de influencia de las regiones, aunque no de sus élites, ya que lo que se impuso fue un nacionalismo económico que desplazó a la periferia en aras de recuperar algunas de las señas de identidad del viejo imperio colonial, lo que explica que incluso se adoptó como símbolo del Estado el yugo y las flechas, puesto en circulación por los Reyes Católicos para identificar la unión de cinco reinos.

Todo eso acabó y hoy, por el contrario, cada región busca cómo presionar a «madrid», de nuevo en minúsculas, para lograr determinados objetivos.

Lobbies y clientelismo político

La presión sobre los centros de poder es tan vieja como la propia política, que no es más que la gestión de los intereses públicos y privados. No es, desde luego, y frente a lo que puede creerse, un fenómeno nuevo. La historia de la economía española contemporánea está plagada de patronales, organizaciones sociales o sindicales y grupos de presión de carácter nacional, regional o local que se alojan en los aledaños de la carrera de San Jerónimo o en cualquier sede gubernamental para influir y hacer primar los intereses particulares, que es lo que define a un lobby, sobre los intereses generales.

Principalmente, durante los periodos de crisis, ya sea por la gestión de los excedentes que hacían caer los precios interiores; por la aparición de una plaga de filoxera, como sucedió a finales del siglo XIX; por la competencia en la siderurgia o en la industria naval o por una liberalización de mercados cerrados que podía chafar cualquier negocio. Lo importante era, y aún sigue siendo, ocupar el espacio público para condicionar a su favor una determinada decisión. Ya sea como un lobby puro y duro o, en otras ocasiones, mediante la representación institucional de un determinado colectivo. Es decir, el marco en el que se ha movido la CEOE desde su nacimiento, en los albores de la democracia. Mitad lobby, mitad grupo de representación de los intereses patronales.

En la Restauración, que es un periodo muy emblemático de la reciente historia de España, y que es la causa de muchos sucesos posteriores, el 40 % de quienes dirigían las grandes compañías, lo que hoy se considerarían CEO, eran políticos en activo —congresistas o senadores— y hasta una cuarta parte lo había sido antes de situarse al frente de sus empresas, lo que refleja el trasvase entre ambas actividades. No puede sorprender, por eso, que entre 1917 y 1935 uno de cada tres directivos fuera licenciado en Derecho, lo que significa que primaban las leyes antes que la formación técnica. Obviamente, por su capacidad para conectarse con el poder.

Durante el franquismo las cosas empezaron a cambiar. En 1950, los ingenieros superaron a los licenciados en leyes, y desde 1960 fueron significativos los titulados en Economía o Ciencias Empresariales. Hoy sigue habiendo trasvase entre la política y la gran empresa, pero tiene un carácter más simbólico que real que hay que vincular a la explotación de la red de contactos o, incluso, al prestigio que supone fichar a algún ex alto cargo.

Esto no es óbice para que siga habiendo incentivos para crear grupos de presión. Hay evidencias, de hecho, de que los colectivos más dispuestos a organizarse y gastar más recursos en promocionar sus intereses —en última instancia la labor de los grupos de presión— crece cuanto más reducido sea el número de potenciales beneficiarios de la intervención pública que se persigue.

Esto es, precisamente, lo que explica la fuerte capacidad organizativa de quienes producen bienes y servicios, justo lo contrario de lo que ocurre en el caso de los consumidores, que no se asocian porque el beneficio que pueden obtener es general —beneficia a todos— y no es particular, cuyos incentivos son mayores.

En todos los casos, y aquí está otra de sus características, aprovechando la debilidad del aparato del Estado, que nada tiene que ver con la existencia de un sistema político autoritario. Una democracia puede tener un Estado fuerte, como sucede en los países más avanzados, que es aquel en el que funciona la arquitectura institucional y la separación de poderes, mientras, por el contrario, una dictadura puede llevar en su seno un Estado débil entregado a las castas económicas.

Sólo cuando el Estado empezó a ser fuerte comenzó a debilitarse la capacidad de presión de los grupos de interés, en particular de la banca, que históricamente ha estado en el vértice de muchas decisiones. Y aquí la fuerza del Banco de España, que comenzó a ser una realidad en los tiempos de Mariano Rubio, es clave. Al fin y al cabo, como decía el exgobernador Luis Ángel Rojo de su antecesor:

—No me importa que Mariano sea autoritario, lo que me molesta es que sea mandón.

Así es como han crecido y navegado grupos de presión que necesariamente hay que vincular a las élites, en cuya naturaleza está que son el poder mismo. En unas ocasiones, se localiza en ciertas familias; en otras, el cordón umbilical tiene que ver con la cohesión que da un mismo territorio; en la de más allá, en torno a un grupo religioso por su capacidad de influencia para ganar esferas de poder, y en otras en un determinado sector de actividad que defiende legítimamente sus propios intereses.

No sólo para poner barreras al comercio levantando aranceles y protegiendo el mercado interior, sino, en ocasiones para eliminar esas restricciones y abrir nuevos mercados. Es decir, dos fuerzas —proteccionistas y librecambistas— que de alguna manera son la historia más reciente de España. La reacción y el progreso. Conservadores y liberales en su sentido primigenio.

El *modus operandi* en todos los casos, sin embargo, sigue siendo muy parecido. De lo que se trata es de condicionar la producción de normas en aras de que algunas élites extractivas se garanticen determinados mercados. Aunque también la estrategia pasa por crear un determinado clima favorable para que la opinión pública acepte una determinada realidad, como sucedió en los setenta con la energía nuclear.

Ya hay pocas dudas de que el atraso histórico de España tiene mucho que ver con factores de oferta que necesariamente hay que vincular tanto a la organización industrial como a la arquitectura institucional, diseñada para beneficiar a unos sectores, los que estaban más cerca del poder, en detrimento de otros. En definitiva, una selección negativa que ha escapado a muchas legislaciones pese a que ya en el anteproyecto de Constitución se mencionaba la necesidad de crear «un sistema de control y registro para los grupos de intereses que actúen de modo permanente».

Nada se ha hecho por la institucionalización de los lobbies, que son inherentes a cualquier sociedad porque las personas, como las empresas, tienden a crear grupos de interés. Adam Smith ya lo advirtió hace dos siglos y medio: «Los comerciantes del mismo gremio rara vez se reúnen, siquiera para pasar un buen rato, sin que acaben conspirando contra el público o por alguna subida concertada de precios».

Fruto de esa capacidad de influencia son numerosos los casos en los que el Estado o los poderes públicos han adoptado malas decisiones avalando operaciones en sectores ruinosos o que carecían de cualquier interés estratégico. Sectores o empresas que al final tuvieron que ser saneados con dinero público hasta convertir el viejo INI de Juan Antonio Suanzes, aquel sueño de la autarquía que acabó siendo un pozo sin fondo, en un auténtico hospital de empresas que una vez saneadas eran adjudicadas a grupos industriales privados.

Probablemente, porque a menudo se ha visto al sector público empresarial como subsidiario del privado, al contrario que en otros países europeos, donde la empresa pública ha tenido una dinámica propia y su tamaño, en contra de lo que suele creerse, incluso durante el franquismo, ha sido mayor. Otra cosa es su influencia ideológica y su capacidad para distorsionar una asignación eficiente de los recursos.

La causa está clara y es probable que tenga que ver con la patrimonialización de la vida pública, que es justo lo contrario a la gestión del poder, que es lo sustancial en la democracia. Patrimonialización en el sentido de considerar el poder como una fuente de rentas y beneficios propios. Algo que explica la proliferación de decisiones arbitrarias que no se corresponden con argumentos racionales.

En unos casos, por amiguismo; en otros, por sentimiento de pertenencia a un grupo civil o religioso; en otros por la existencia de un nacionalismo económico y en otros, simplemente, por corrupción. En todos los casos, con un enorme coste de oportunidad para el país. Es decir, lo que se deja de ganar para el interés general por una mala decisión política. O expresado de otra forma, pactos entre los grupos de presión y los poderes públicos en los que hay un perdedor: el consumidor.

Así es como se han vendido algunas de las joyas de la corona, lo que al final ha contribuido a crear una nueva aristocracia económica siempre cercana al poder. En algunas ocasiones, para hacer caja, es decir, financiar al Estado o racionalizar el sector público, pero en otras para adelgazar el tamaño del Estado sólo por razones ideológicas y crear una nueva clase clientelar.

Lo cierto es que lo que pretendía ser un proceso de liberalización empresarial en favor de miles de accionistas privados con voluntad de participar en la actividad económica, el llamado capitalismo popular que le gustaba decir a Margaret Thatcher, ha derivado finalmente en un proceso de concentración del poder económico. Y con ello, lógicamente, en un inquietante abuso de posición dominante.

En definitiva, una especie de corrupción sistémica que genera situaciones de injusticia o da alas a decisiones mal fundamentadas. Si los ciudadanos observan que determinadas decisiones no se ajustan a derecho, la corrupción tenderá a crecer en la medida en que es una respuesta a la falta de credibilidad de los poderes públicos. No es casualidad que en las democracias más avanzadas sea donde hay menos corrupción y más transparencia.

Lo dijo, y no le faltaba razón, Rafael Termes, considerado el banquero de la Transición, en un célebre discurso pronunciado en 1968 —en plena hegemonía de los tecnócratas— durante la junta de accionistas del Banco Popular de los Previsores del Porvenir, que se llamaba entonces:

> Ha llegado el tiempo en que todos proclamemos sin remilgos que ganar dinero en un mercado libre no sólo no es delito, sino que quien sepa hacerlo merece la gratitud de su país.

Sólo hay que poner un pero. Los mercados libres no existen porque están sembrados de fuerzas que condicionan las decisiones políticas. Para eso, precisamente, nacieron los grupos de presión.

El imperio anónimo

Hay quien ha llamado a los grupos de presión, o a los lobbies, como se prefiera, el imperio anónimo. Con mucha razón. Al fin y al cabo, en la naturaleza del cabildeo, probablemente la expresión que mejor refleja lo que en términos penales se denomina hoy tráfico de influencias, se encuentra la necesidad de estar siempre cerca, muy cerca del poder.

Hoy, es verdad, el cabildeo, en su sentido más deleznable, no es tan fácil como en el pasado, y, de hecho, hasta el código penal ha incluido la figura del tráfico de influencias como delito. Pero hay pocas dudas de la existencia de una frágil frontera que separa lo que es delito y de lo que no lo es. Entre otras razones, porque hoy los instrumentos para ganar influencia y condicionar las políticas públicas son más sutiles, menos visibles que en el pasado, donde incluso un cacique podía regodearse en público de su capacidad para influir en los entresijos del Estado. El caciquismo, de hecho, siempre tuvo algo de vanidad que necesitaba mostrarse en público.

La historia de España se escribe, precisamente, sobre los renglones torcidos de un país condicionado de forma permanente por sus élites, lo que en última instancia ha derivado en una captura del Estado en defensa de los intereses particulares frente a los generales. No ha sido gratis ni neutral en términos económicos, políticos y sociales. Por el contrario, ha tenido un coste muy elevado para el conjunto del país.

La gran polémica económica del XIX español fue, precisamente, la que protagonizaron los partidarios de la protección contra quienes reivindicaban el librecambismo como sinónimo de progreso. O lo que es lo mismo, el debate entre quienes pretendían —y muchas veces consiguieron— la captura del Estado a través del arancel y quienes buscaban poner fin a un Estado clientelar que taponó las ventajas comparativas de una vieja nación.

El atraso histórico de España ha tenido que ver, de hecho, con el abatimiento del Estado por parte de minorías. Minorías que no siempre son pequeños grupos de presión en la defensa legítima de sus intereses, sino que en ocasiones han querido condicionar incluso la soberanía popular.

La azarosa vida política de la España de los siglos XIX y XX revela pulsos que han acabado en asonadas, pronunciamientos y toda suerte de golpes, palaciegos o no, que han condicionado el desarrollo del país. Hasta el punto de que ahí está una de las causas de nuestro alejamiento del corazón de Europa durante décadas y décadas. En ocasiones, incluso, creando tiranteces territoriales que en realidad lo que escondían era una defensa a ultranza de los intereses particulares. Esta es, de hecho, una de las características propias del cabildeo español, que al contrario que en otros países no sólo ha tenido un carácter económico, sino también político.

Conviene no olvidarlo, como siempre recuerdan algunos de los intelectuales, políticos y académicos que han colaborado para que este libro viera la luz: Leandro Prados de la Escosura, siempre dispuesto a echar una mano, Pablo Martín Aceña o Pedro Fraile. Sin ellos, y sin Carlos Solchaga, una mente prodigiosa, no hubiera sido posible. Tampoco sin la vieja amistad de José María del Moral. Gracias.

Bibliografía

Álvarez Miranda, Alfonso. «La información nuclear. El Fórum Atómico Español». 29 de septiembre de 1994.

Beltrán-Tapia, Francisco J., Díez-Minguela, Alfonso, Martínez-Galarraga, Julio y Tirado-Fabregat, Daniel A. «Capital humano y desigualdad territorial. El proceso de alfabetización en los municipios españoles desde la Ley Moyano hasta la guerra civil». Banco de España. 2019.

Calvo, Ángel. «Sueños rotos. El fracaso de un sistema telefónico público en España, 1877-1924». Universidad de Barcelona. Diciembre de 2011.

Carreras, Albert y Tafunell, Xavier (coordinadores). «Estadísticas históricas de España. Siglos xix-xx». Tres volúmenes. Fundación BBVA. 2005.

Comín Comín, Francisco y Martín-Aceña, Pablo. «Los rasgos históricos de las empresas en España: un panorama». Fundación Empresa Pública. 1996.

De la Torre, Joseba y Rubio, Mª del Mar. «La financiación exterior del desarrollo industrial español a través del IEME (1950-1982)». Estudios de Historia Económica. Banco de España. N.º 69. 2015.

FAES, ENRIQUE. *Demetrio Carceller (1894-1968) Un empresario en el Gobierno.* Galaxia Gutenberg. 2020.

FERNÁNDEZ ROCA, FRANCISCO JAVIER. «Hytasa, fundación y desarrollo de una empresa textil en el marco de la política económica del primer franquismo». Fundación Empresa Pública. 1996.

FONTANA, JOSEP y VILLARES, RAMÓN (coordinadores). *Historia de España.* Marcial Pons. 2009.

GÁLVEZ MUÑOZ, LINA y COMÍN, FRANCISCO. «Multinacionales, atraso tecnológico y marco institucional. Las nacionalizaciones de empresas extranjeras durante la autarquía franquista». Cuadernos de economía y dirección de empresa. 2003.

GRICE-HUTCHINSON, MARJORIE. *Ensayos sobre el pensamiento económico en España.* Alianza Editorial. 1995.

MARTÍN-ACEÑA, PABLO y MARTÍNEZ RUIZ, ELENA. «100 años de la Ley de Ordenación Bancaria de 1921». Estudios de Historia Económica. N.º 76. Banco de España. 2022.

MARTÍNEZ RUIZ, ELENA. «Autarkic policy and efficiency in the spanish industrial sector. an estimate of domestic resource cost in 1958». Universidad Carlos III de Madrid. Instituto Laureano Figuerola. 2008.

MORENO LUZÓN, JAVIER. «Caciquismo y política de clientelas en la España de la Restauración». Universidad Complutense. 1996.

Moreno Luzón, Javier. «El conde de Romanones y el caciquismo en Castilla. 1888-1923». Investigaciones Históricas. Universidad de Valladolid. 1996.

Nadal, Jordi y Sudriá, Carles. «La controversia en torno al atraso económico español en la segunda mitad del siglo xix (1860-1913)». *Revista de Historia Industrial.* N.º 3. 1993.

Pérez Galdós, Benito. *Cánovas. Episodios Nacionales.* Alianza Editorial. 2008.

Pérez, Sofía A. «Banca y poder político en España: un análisis a partir de la regulación del sistema financiero». Boston University. 2008.

Prados de la Escosura, Leandro. *El progreso económico de España (1850-2000).* Fundación BBVA. Septiembre de 2003.

Real Decreto de 6 de mayo de 1910 sobre la creación de una Residencia y de un Patronato de Estudiantes (Gaceta de 8 de mayo).

Rubio-Mondéjar, Juan A., Garrués-Irurzun, Josean y Chirosa-Cañavate, Luis. «¿Son incompatibles el capitalismo gerencial y el capitalismo clientelar? La adaptación de la élite corporativa española al sistema capitalista en el último siglo». Documento de trabajo. Asociación Española de Historia Económica. N.º 18. 2018.

Sainz Ridruejo, Clemente. *Ingenieros de Caminos del siglo xix.* Colegio de Ingenieros de Caminos, Canales y Puertos.

Sánchez Asiaín, José Ángel. *La financiación de la guerra civil española.* Crítica. 2014.

Sánchez Suárez, Alejandro. «La burguesía catalana del siglo xix en la obra de Jaume Vicens». 1986.

Sánchez Vázquez, Luis. «La legitimación de la energía nuclear en España: el Fórum Atómico Español (1962-1969)». Universidad de Granada. 2010.

Serrano Sanz, José María. «El proteccionismo y el desarrollo económico en la Restauración. Reflexiones para un debate». *Revista de Historia Económica.* 1989.

Toboso Sánchez, Pilar. «Empresarios y política en la dictadura de Franco». Universidad Autónoma de Madrid. 2007.

Tortella, Gabriel. *El desarrollo de la España contemporánea. Historia económica de los siglos* xix *y* xx. Alianza Editorial. 2003.

Valdaliso, Jesús María. «Grupos empresariales, marco institucional y desarrollo económico en España en el siglo xx. Los negocios de la familia Aznar». Universidad del País Vasco. Marcial Pons. 2002.